WOGUO JINGJI TIYU HEXIN JINGZHENGLI
XINGCHENG JIZHI YU FAZHAN LUJING YANJIU

我国竞技体育核心竞争力
形成机制与发展路径研究

邓万金 著

中山大学出版社
SUN YAT-SEN UNIVERSITY PRESS

·广州·

图书在版编目（CIP）数据

我国竞技体育核心竞争力形成机制与发展路径研究/邓万金著 . —广州：
中山大学出版社，2023.11
ISBN 978 - 7 - 306 - 07816 - 2

Ⅰ. ①我⋯　Ⅱ. ①邓⋯　Ⅲ竞技体育—发展—研究—中国　Ⅳ. ①G812

中国国家版本馆 CIP 数据核字（2023）第 097020 号

出 版 人：王天琪
策划编辑：金继伟
责任编辑：王　璞
封面设计：曾　斌
责任校对：叶　枫
责任技编：靳晓虹
出版发行：中山大学出版社
电　　话：编辑部 020 - 84110283，84113349，84111997，84110779，84110776
　　　　　发行部 020 - 84111998，84111981，84111160
地　　址：广州市新港西路 135 号
邮　　编：510275　传　　真：020 - 84036565
网　　址：http：// www. zsup. com. cn　E-mail：zdcbs@ mail. sysu. edu. cn
印 刷 者：广东虎彩云印刷有限公司
规　　格：787mm×1092mm　1/16　12 印张　250 千字
版次印次：2023 年 11 月第 1 版　2023 年 11 月第 1 次印刷
定　　价：48.00 元

前　　言

加快体育强国建设，推动我国竞技体育综合实力及竞争力的不断提升，以及在全面建成小康社会中发挥竞技体育的积极意义与综合功能，一直是我国体育工作的重要任务。在新时期，由于国家对竞技体育的发展提出了更高的要求，加强对该领域的研究显得非常必要。通过对我国目前竞技体育的发展现状进行研究，笔者发现，我国竞技体育仍然面临着部分亟待解决的问题。例如，在项目发展布局方面，基础项目和冬季项目及"三大球"的整体水平不高，潜优势项目的发展速度缓慢，优势项目的发展空间不足，项目结构发展不够均衡，区域间发展差距较大等；在管理方式方面，竞技体育的科学化管理水平与发达国家间存在着较大的差距，且管理效益不显著；在发展方式方面，竞技体育的创新驱动能力偏弱，仍然是以保障、政策等为基础；在总体布局方面，后备人才培养体系不够完善，职业联赛与职业体育发展缓慢。因此，探索竞技体育各要素之间的结构关系和运行方式，对于提升竞技体育核心竞争力有着重要的现实意义。为了全面掌握我国竞技体育核心竞争力的内在形成机制，本书以我国竞技体育核心竞争力构成要素体系为研究逻辑起点，从近几年来我国运动员获取世界冠军的区域分布和我国竞技体育核心竞争力发展中的本源问题两个维度着手，借助层次分析法、专家访谈法、文献资料法、空间分析法、逻辑分析法对我国竞技体育核心竞争力的形成机制与发展路径进行了研究，主要结论如下：

一、关于我国竞技体育核心竞争力构成要素体系结论

我国竞技体育核心竞争力构成要素体系包含 24 项基本要素，并依据其特征划分为 3 个要素层次、6 个要素集合。我国竞技体育核心竞争力整体 GEM 模型（Groundings-Enterprises-Markets 模型，即基础－企业－市场模型）评分

较高，说明我国竞技体育发展处于全球领先水平；同时，各要素层次间评分差距较大，表明我国竞技体育存在一定的发展不均衡问题。我国竞技体育核心竞争力各要素集合中，管理机制与培养工作两项具有世界级别的竞争力，资源整合、科研扶持与文化氛围三项在亚洲范围内竞争力数一数二，群众基础一项则属于我国竞技体育短板要素，尚不足以构成竞争优势。

二、关于我国竞技体育核心竞争力形成机制的主要内容结论

我国竞技体育核心竞争力形成机制主要内容有：强调建立多渠道筹资机制，拓展社会与市场力量；构建多元治理机制，循序渐进推动体育管理体制改革；完善体教融合培养机制，提升运动员综合素质；优化价值导向机制，避免出现竞技体育文化迷失现象；积极推进产学研一体化机制建设，促进科研成果转换率的提升；实现相互取予机制，巩固群众基础，推动竞技体育全面发展。

三、关于近几年来我国运动员获取世界冠军区域分布结论

2013—2018 年我国获取各大项世界冠军数量较多的是广东、福建、浙江、上海、江苏、山东和辽宁 7 个沿海省市，表明沿海地区是我国在各大项夺取世界冠军的中坚力量；获取世界冠军数量较多的内陆地区有四川、湖南、湖北、河北、北京 5 个省市。从各大项世界冠军在我国各地区的分布来看，华东、华南、华北、华中地区是近几年来获得各大项世界冠军的主力，其次是东北、西南地区，而西北地区仍然处于劣势地位。

四、关于我国竞技体育核心竞争力发展中的本源问题结论

我国竞技体育核心竞争力发展中的本源问题主要反映在竞技体育区域布局、竞技体育项目集群结构、竞技体育人才梯队构建等方面。竞技体育区域布局问题主要表现在：区域经济不均衡制约着竞技体育的发展，自然区域的差异性影响了竞技体育人才的发展，社会人口结构制约着竞技体育的发展，盲目性和比较性造成了我国竞技体育区域布局缺乏调控，市场体系的不完善导致了竞技体育资源开发效率较低。竞技体育项目集群结构问题具体反映在：优势项目集群数量不断减少，部分潜在优势项目虽然有突破，但竞技力量仍然薄弱；待发展项目增多，导致我国奥运会总体成绩下降；优势布局与美国、俄罗斯

"错位"明显；地域性发展不平衡性问题严重；"三级训练网"培养体系缺乏有效措施。现阶段，国家培养模式、职业俱乐部培养模式和学校培养模式是我国竞技体育人才梯队建设的三种主要模式。这三种模式都存在一定的问题：国家培养模式重训练轻文化；职业俱乐部培养模式过度追求自身商业利益最大化；学校培养模式生源缺乏，师资队伍素质有限，学训矛盾突出。

五、关于我国竞技体育核心竞争力发展路径的结论

我国竞技体育核心竞争力发展可以通过社会化路径、市场化路径、职业化路径和集约化路径来实现。社会化路径的主要措施有：继续推进"管办分离"，深化"放管服"改革；健全体育社会组织建设，发挥社会公共服务功能；增强大众对竞技体育的归属感，转变群众体育的消费观念。市场化路径主要措施有：加快政府职能转变，增强市场活力；坚持以市场化为导向，加强推动竞技项目市场化均衡性发展；优化市场环境，促进融资渠道多元化。职业化路径主要措施有：转变并明确政府职能定位，发挥市场化、社会化协同作用；加强职业体育道德建设和法制约束，营造良好的职业体育氛围；加强职业化市场要素协同发展，促进竞技体育职业化利益共同体建构。集约化路径主要措施有：拓展产学研一体化体系，提高科技成果转化率与有效率；优化训练与竞赛计划，切实提升竞技能力和稳定保持最佳竞技状态；调整和稳定保持优化团队结构，加快复合型训练团队构建；优化竞技体育后备人才培养途径，全面提升运动员的综合素养。

最后，围绕解决竞技体育发展的根本问题和提升竞技体育核心竞争力的现实问题，提出以下建议：完善举国体制，全面做好奥运会备战参赛工作；优化项目结构，切实加强训赛统筹协调工作；抓好双优项目，全面提升竞技体育整体水平；落实基地建设，积极创新竞技体育的训练体系；深化竞赛改革，积极呈现竞技体育的综合功能；坚持依法治体，加大对竞技体育发展机制与体系的创新力度；优化竞赛环境，深化职业体育管理体制改革；拓宽输送渠道，多路径培养竞技体育人才；面对新冠疫情，采取有效措施应对后疫情时代的新挑战；等等。

目　　录

第一章　研究背景、目的与意义

第一节　研究背景

一、国际竞争日益激烈背景下我国竞技体育可持续性竞争优势保持的需要

当今世界正处在一个和平与发展的时期，以奥运会为最高规模赛事的竞技体育已经进入历史发展最快的时期，世界各国，特别是大国竞争之势方兴未艾。[①]

以奥运会为最高价值体现的竞技体育作为彰显国家经济实力、科技实力和文化实力等综合实力的窗口，在塑造国家形象、传播民族文化和提高国家国际地位等方面发挥着不可或缺的作用，受到了各个国家和地区的大力支持。自第24届奥运会至今，随着参赛国家与地区的数量不断增加，相应地有越来越多的国家和地区获得金牌。[②] 因此，各个国家与地区为促进本国竞技体育的发展，也采取了不同措施与策略。例如，韩国不仅对7个重点项目加大了投入力度，而且也为优秀运动员推出了免服兵役、终身津贴奖励等一系列政策；澳大利亚制订了"奥运会运动员培训计划"，且为了能够激励运动员取得更好的成绩，还推出了以奖学金为代表的多种激励方式；俄罗斯总统颁布了加强奥运会准备工作命令，明确提出要全面推进本国奥林匹克运动；新加坡等国家也纷纷根据本国的实际情况，确立了重点项目，同时配合资金保障，取得了很好的效果；英国政府在备战2004年雅典奥运会期间，对运动员的训练、比赛经费投

[①]　段世杰：《思考竞技体育》，学习出版社2013年版。

[②]　李丹阳、钟国伟、王银：《论世界竞技体育发展的趋势》，载《体育文化导刊》2012年第5期，第59－62页。

入超过 7000 万英镑，在 2008 年北京奥运会备战期间更是达到 7500 万英镑。[①] 此外，其他发达国家、发展中国家也对重点发展项目展开综合、全面的剖析，并在多个方面给予扶持与引导。随着各个国家对参加奥运会等大型国际赛事具有重要意义的认识更加充分，各国正通过大力建设多功能、高水平、集中强化型的国家运动训练基地，如韩国的泰陵训练基地、俄罗斯的园湖训练基地、美国的普莱西德湖训练基地等，为运动员提供优质的训练设施与环境。同时，各个国家还分别从优势项目入手，不断巩固项目竞争优势。例如，美国将游泳、田径等作为优势项目，持续增加每年投入的力度；俄罗斯将体操、摔跤、田径等作为优势项目，重点投入；德国将皮划艇、自行车、赛艇作为优势项目，不断打造项目优势；等等。

在国际竞技体育竞争格局风起云涌之际，各国政府和地区都在进一步强化国家对竞技体育的管理和支持力度。我国竞技体育能够以较为稳定的竞争优势在近几届奥运会上稳居世界第一集团，与举国体制的局部赶超、争光为先的理念与机制有着密切的关系。须注意的是，即便我国竞技体育的发展通过采用这种方式在较短时间内取得了相对显著的成果，但是现阶段已经呈现出一系列不可持续、不协调、不均衡的消极因素[②]。综上，在内外部环境的双重背景下，我国竞技体育要保持竞争优势地位，必须全方位、系统性地提升自身竞争能力，打造我国竞技体育核心竞争力。

二、迈进体育强国背景下提高我国竞技体育综合价值和功能的需要

我国自改革开放后便一直处于快速发展的态势，综合国力得到明显增强，社会经济水平也位居世界前列，随之带动我国各个领域、事业的蓬勃发展。其中，体育事业取得的成绩尤为显著，特别是具有里程碑意义的 2008 年北京奥运会，不仅充分彰显了我国竞技体育的雄厚实力，而且是推动体育事业快速发展的一个重要节点。此外，在北京奥运会与残奥会总结表彰大会上，胡锦涛同

---

① 张嘉伟：《美国高水平竞技体育发展与存在问题研究》，载《体育文化导刊》2012 年第 10 期，第 62 – 65 页。

② 鲍明晓、李元伟：《转变我国竞技体育发展方式的对策研究》，载《北京体育大学学报》2014 年第 1 期，第 9 – 23 页。

志还提出了推动我国由体育大国向体育强国迈进的奋斗目标①，这对促进我国体育事业更快、更好地发展有着重要意义。任何目标都是基于特定的时代背景做出的切合时代要求的系统谋划。现阶段，我国正在朝着实现全面现代化方向发展，社会发展较为迅猛，各项事业也取得了很大的成就，基础力量逐渐雄厚，但能够反映事业发展效益及质量的核心竞争力依旧未完全具备。对此，从"大"到"强"的发展，从"量"到"质"的飞跃，依然是我国现代化发展所要面临的难题。②而体育事业发展的程度，能够更为真实地反映一个国家体育发展的实力及规模。体育大国表现为国家体育的发展资源相对较多，整体发展规模较大，在国际体坛上的知名度较高，影响力较远；而体育强国更多地表现为体育发展实力超强，竞技体育水平较其他国家更高。③与体育大国相比，体育强国不仅突出数量的增长，更注重质量的提高。这两个方面都是从体育发展整体情况来予以权衡的。当然，我们也要明白，大国是强国的前提，如果数量不足，那么高质量也必定失去意义。大国正因资源总量庞大，发展前景宽广，具有向强国发展的充足条件。但与此同时，人口众多也会导致人均获得资源的数量少、整体进步速度慢，从而阻碍大国向强国迈进。因此，适时把控两者的契合点，转变发展方式显得极为重要。

针对体育事业而言，当前体育界分别将其划分为体育产业、竞技体育及全民健身三个产业。与之紧密联系的还包括体育宣传、体育法治、体育对外交往、体育科技与教育、体育文化等。④但我国在向体育强国发展的过程中，在竞技体育的协调发展方面出现了一些问题，主要表现为竞技体育硬件成果、人才成果、组织成果以及保障成果等成果体系的反哺效益低下，竞技体育系统开放面狭窄，商业化、市场化以及职业化的发展出现了严重的滞后性，导致我国体育强国发展目标始终未能实现。因此，要通过提高竞技体育核心竞争力，全面发挥竞技体育的根本作用，发挥竞技体育在推动国家经济转型发展、提升国

① 王智慧：《迈向体育强国进程中两个重要问题的战略定位与思考》，载《北京体育大学学报》2011年第34卷第2期，第13－16页。
② 鲍明晓：《体育大国向体育强国迈进的战略研究》，载《南京体育学院学报（社会科学版）》2009年第23卷第6期，第1－6页。
③ 田雨普：《体育强国的辩证认识论》，载《体育学刊》2009年第16卷第8期，第9－13页。
④ 罗超毅：《论体育强国建设背景下全民健身与竞技体育的和谐发展》，载《北京体育大学学报》2013年第36卷第2期，第1－4页。

家文化竞争力、增强国家凝聚力方面的特殊作用，从而在更大程度上推动我国向体育强国目标奋进。

三、竞技体育内部矛盾凸显背景下提高竞技体育核心竞争力的发展诉求

在我国体育界，竞技体育的发展速度不仅相对较快，而且近年来所处的地位也日益提升。数据显示，自我国于 1979 年正式恢复在国际奥委会的合法地位至今，所参加的夏季奥运会已经达到 9 届①，并且取得了非常优异的成绩，在全球一直名列前茅，累计取得奖牌 544 枚，其中，金牌 227 枚。另外，2000 年悉尼奥运会是我国竞技体育水平发生变化的一个非常重要转折点，金牌、奖牌总数都实现了突破，且金牌榜、奖牌榜都排在第三位，这也从侧面反映出我国正朝着体育强国方向迈进。不仅如此，在 2004 年雅典奥运会上，我国的金牌、奖牌总数再一次实现突破，分别比 2000 年悉尼奥运会增加了 4 枚，排在金牌榜的第二位。作为中国举办的第一届奥运会——2008 年北京奥运会，我国体育健儿取得了历史最好的成绩，我国的金牌、银牌、铜牌及奖牌总数分别为 48 枚、22 枚、30 枚及 100 枚，美国的金牌、银牌、铜牌及奖牌总数分别为 36 枚、39 枚、37 枚及 112 枚，俄罗斯的金牌、银牌、铜牌及奖牌总数分别为 24 枚、13 枚、23 枚及 60 枚，我国体育健儿取得了奖牌总数第二名、金牌第一名的优异成绩，推动了我国竞技体育水平的进一步提高。2012 年伦敦奥运会上，我国代表团共取得了 88 枚奖牌（其中金牌 38 枚），虽奖牌数量较上一届奥运会有所下降，但仍名列前茅，并远远领先于第三名。在 2016 年里约奥运会上，我国代表团所获得的金牌、奖牌总数分别为 26 枚、70 枚。综观近几届我国奥运成绩，虽有起伏变化，但始终名列前茅，保持了较强的竞争力。

近几年我国竞技体育水平不断提升，但仍存在一些问题和矛盾，主要表现在：竞技体育发展过程中，项目结构上的发展存在明显的不均衡，且项目绩效的马太效应明显；优势项目的夺金空间基本饱和，且含金量不足，潜优势项目的后发潜力相对缺乏，后发优势也表现得明显不足；普及与提高的传导机制阻滞；游泳、田径以及"三大球"等项目水平偏低；在发展方式层面，始终需要依靠政府力量，创新发展动力不足；区域间竞技体育发展存在严重的不均衡

---

① 因写作本书时东京奥运会还没有举办，故统计范围未包括东京奥运会，后同。

现象，并且矛盾愈发突出；职业联赛和体育发展存在一定的滞后性；竞技体育举国体制亟待加强创新和不断完善；训练水平有待进一步提升，科学化管理有待加强，整体效益并不明显；一些项目发展基础较为薄弱，新生力量的发掘困难重重；等等。[①] 以上所提及的问题都是现阶段竞技体育发展所要解决的关键性问题，解决这些问题是增强竞争力、培育竞争优势，进而形成核心竞争力的必然路径。

四、新时代背景下竞技体育国家形象提升的内生式发展需要

我国竞技体育经过长期的稳定、持续发展，现已进入全新的发展阶段，所取得的成果也非常丰厚。但须注意的是，近年来所面临的问题、困境也越来越多。例如：如何快速加强竞技体育的队伍建设、人才培养，以推动其可持续发展；如何加强竞技体育举国体制的完善力度，以实现各门类的均衡、有序发展；等等。

2020 年，全球性重大公共卫生事件新冠疫情在各国暴发及不断蔓延，严重影响了人们正常的生产和生活秩序，对全球经济运行产生了极大的负面影响。由于体育赛事有典型的聚集的特点，体育赛事的举办必然会对新冠疫情的防控带来较大的负面影响。在此背景下，各个国家的体育赛事、联赛等纷纷延期举办，受到了非常严重的经济损失。竞技体育活动作为国际交流的一种有力手段，在面对新冠疫情时，其所拥有的包容和融合的社会功能得到了进一步强化，其作为社会黏合剂的作用不容忽视，这种作用在原本已经分化严重的社会中显得更为重要。面对疫情之后可能出现的国家主义、保护主义以及地区冲突的不断升级，我国应充分发挥北京冬奥会的桥梁纽带作用，以消除区域歧视，消解、消除不同意识形态与政治团体的偏见与分歧，实现团结、和平、尊重的奥林匹克理想，在赛事中突显人类命运共同体的发展理念，把冬奥会参与者有效动员起来，把奥林匹克精神不断传承下去。合理有序地开展北京冬奥会的赛事规划，实现冬奥会赛事的可持续发展，进而实现良性互动、优势互补、合作共赢的目标。

---

① 鲍明晓、李元伟：《转变我国竞技体育发展方式的对策研究》，载《北京体育大学学报》2014年第37卷第1期，第9-23、70页；国家体育总局：《竞技体育"十三五"规划》，2016年8月30日。

第二节 研究目的与意义

一、研究目的

本书将管理学领域的核心竞争力理论，系统地融入提升我国竞技体育发展过程中，以我国竞技体育核心竞争力形成期间所面临的问题作为基础，结合当前我国竞技体育发展的国际背景和现实背景，提出我国竞技体育核心竞争力系统、科学、可持续发展的优化路径。本书的研究目的主要涵盖四个方面：第一，把握竞技体育的本质特征，通过对企业核心竞争力理论的研究与剖析，在此基础上对竞技体育核心竞争力的概念、构成要素进行界定。第二，围绕"竞技体育问题是什么？竞技体育核心竞争力的本源问题是什么？"两个核心问题，剖析我国竞技体育核心竞争力的本源问题。第三，基于对2013—2018年来我国运动员获得世界冠军的区域分布的全面分析，从竞技体育的大项和小项两个层面对其进行空间描述，进而掌握其时空特征，并对其形成机制的内在机理进行深入的剖析。第四，针对竞技体育发展的社会化路径、市场化路径、职业化路径和集约化路径，提出了推动我国竞技体育核心竞争力持续提升的对策与建议。

二、研究意义

1. 研究的理论意义

长期以来，我国竞技体育的发展虽然取得了较为显著的成果，但是所面临的问题一直没有得到解决，其中包括金牌至上的庸俗业绩观、后备人才明显短缺、普及与提高的传导机制阻滞、运动员的文化教育与训练存在矛盾、项目绩效的马太效应、项目发展的偏态结构、无法打开市场办与社会办的空间。关于解决问题的方式，很多人往往是以一个"点"的思维从不同的向度进行解剖与明晰。这种审视问题的角度，容易造成系统中要素协同发展问题的积累与重复。本书将核心竞争力理论引入竞技体育的发展过程中，为我们对竞技体育的研究提供了一个整体、系统的视角，突破"点"的思维，以"点""面"的系统要素协同发展模式研究竞技体育发展，为竞技体育的内涵式发展献计献策。

在我国由发展中国家向发达国家、由体育大国向体育强国转变的过程中，我们可清晰地看出竞技体育的作用、价值是尤为显著的，因此必须采取一系列措施，以推动我国竞技体育的持续、稳定发展。本书在研究的过程中，将核心竞争力的概念引入竞技体育领域，深层次剖析竞技体育核心竞争力的形成机制，有利于拓展竞技体育研究的新视野，丰富竞技体育管理的研究范畴体系，实现体育学科与管理学科的交叉与融合，拓宽竞技体育理论的研究内容，为我国竞技体育发展提供理论借鉴与现实支撑。

2. 研究的实践意义

国家竞技体育的发展早已不是单纯局限在各国竞技体育系统中的博弈，竞技体育与社会其他系统协同共进的相互作用关系决定了竞技体育在国际和国内环境中的重要地位。在此背景下，对我国竞技体育核心竞争力的研究有利于我国制定相对完善的竞技体育博弈战略。

解决系统内部矛盾不仅是为了实现系统更加高效的运作，还为该系统与其他系统的发展提供了更好的融合模式。研究竞技体育核心竞争力的过程，对促进竞技体育与体育产业、青少年体育、群众体育协调发展也具有重要的意义。

竞技体育本身是一个不同要素交错纵横的复杂系统，竞技体育结构的复杂性决定了竞技体育研究的难度。对竞技体育核心竞争力的把握，从整体上把握竞技体育中相对重要的因素和关系，可为我国竞技体育核心竞争力系统内部构成要素的高效、协同发展提供科学指导，对实现我国竞技体育的长足发展具有重要的现实意义。

第二章　基本理论与文献综述

核心竞争力一直是许多领域研究中的热点问题。通过对国内外学者、专家的相关研究成果进行梳理与归纳，本书将其划分为三个分支，即竞技体育核心竞争力层面的研究、企业核心竞争力层面的研究、形成核心竞争力理论的背景，并对相关理论成果进行阐释和述评。

第一节　核心竞争力理论的形成基础

1776 年，亚当·斯密在《国富论》一书中指出"劳动生产力上最大的增进，及运用劳动期间所呈现的更大的技巧、熟练与判断力，都与分工有着密切的关系"①。1817 年，大卫·李嘉图在《政治经济学和赋税原理》一书中，提出"注意到某些组织可拥有不同的能力、技巧及资产，而其他部分组织很难获得这些"，同时还表示组织的分工效率与自身特定的能力、技巧、资产有着密切的关系。1957 年，塞斯内克提出了"独特竞争能力"的概念，认为企业与竞争对手相比所拥有的优势便是独特竞争能力。在此背景下，有不少学者对该概念展开研究，其中，安德鲁、林纳德等学者认为，组织拥有独特竞争能力后，在经济效益的获取方面便具有明显的优势。20 世纪 70 年代的市场结构论又称环境论，波特提出企业在建立竞争优势的过程中，市场结构处于重要的地位。1989 年，黑特和爱尔兰德又发文表明，组织拥有的核心能力使其能够拥有带来效益的产品或服务。他们认为，核心能力不等同于组织中个体所拥有的能力，它是组织系统整体所拥有的关键能力。伯格·沃纳菲尔特在 20 世纪 80 年代出版的《企业资源基础论》一书中，提出了资源基础论，认为不同的企

---

① 杜靖:《论企业核心竞争力》，载《社会科学家》2007 年第 1 期，第 164 - 167 页。

业在运营与发展的进程中，其知识文化、无形资源、有形资源必然存在着较大的差异，而企业的独特能力或资源决定着其优势。这一观点将竞争优势归为表象因素，忽略了企业资源配置者在资源配置中所发挥的主导作用。这也解释了为什么拥有相同资源的企业在产出效率和价值方面会出现巨大的差异。资源基础论出现后，越来越多的学者、专家开始对其展开研究，通过对该理论的继承、批判，提出了广义资源的观点，把协调和有机结合的学识视为主要资源，把人力资本和组织资源也视为资源，将社会资本纳入资源体系中，共同成为决定企业竞争优势的因素。

迈克尔·波特教授为了对企业或国家获得竞争优势的原因展开深入的研究，于 20 世纪 80 年代带领由 30 多名研究人员组成的调查团对联邦德国、意大利、日本、韩国、英国和美国等 10 多个国家的 100 多个产业或产业群的产生、发展和兴盛的原因进行对比研究，形成了一系列著作，如《国家竞争优势》《竞争优势》《竞争战略》等，并在此基础上提出竞争优势理论，认为一个国家的竞争优势便是行业、企业的竞争优势。如果拥有高效的生产效率，那么在分工、贸易方面必然具有一定的竞争优势。需要注意的是，高效的生产效率不但与技术、要素禀赋有着密切关联，而且与相关产业或支撑产业、国内需求、生产要素、机遇和政府、企业战略结果等有着相互作用。[①] 另外，波特提出的国家竞争优势理论非常注重创新能力，提出创新能力是获得竞争优势的根本。一个国家或地区在资源禀赋上可能具有一定的优势，但优势不一定能够转化为竞争优势，必须将优势进行整合、创新才能获得竞争优势。该理论较好地解释了一个国家或地区获得竞争优势的原因，但有一些学者也对此提出质疑，认为国家竞争优势理论忽略了区域网络关系的复杂性、生产社会的根植性、技术发展的性质与来源，因此该理论是不健全的。

第二节　企业核心竞争力理论的多角度阐释

伴随着企业核心竞争力理论的出现，国内外学者、专家纷纷对该理论进行研究，通过对相关研究成果进行梳理与归纳，得知其研究内容主要涉及核心竞

---

① 丛湖平、罗建英：《体育赛事产业区域核心竞争力形成机制研究》，浙江大学出版社 2011 年版。

争力的概念、构成要素、特征及提升策略等，现从以下几个方面进行阐述。

一、企业核心竞争力的定义

国内外学者对核心竞争力有着不同视角的定义。归纳起来，主要分为以下六种。

（1）资源能力论。持此理论观点的相关学者指出，企业核心竞争力具有特殊能力，主要表现在可以进行合理化的资源配置和特殊化的资源运用，能力与资源也因此成为打败竞争对手的最大优势。能力与资源具有一定的相关性，但所表现的作用大不相同，概念也有很大的差异，有些学者认为能力与资源的整合就是核心竞争力。美国学者杰伊·巴尼的研究表明，资源是企业获利的前提，是促使企业成功发展的潜在的基础力量。奥利维尔认为，不同企业在相互获取战略性资源的过程中，决策差异及过程的不同，将会构成企业特有的核心竞争力，企业唯有获取战略性资源，竞争优势才会更加地突出。[1] 罗斯比和克里斯蒂森作为能力学派的代表人物，在对能力与资源所表现的作用进行分析后指出，想要明确资源整合生产力，能力至关重要，而资源则是发挥能力的重要基石。从国内学术界的研究来看，黄津孚、庞连东的研究表明，决定竞争力的关键便是核心竞争力，也就是说，企业若想实现可持续发展，核心能力与资源不可或缺。[2] 黄继刚博士则认为，在企业发展进程中，通过管理整合形成核心竞争力，与竞争对手相比，可以更加准确地掌握顾客需求，并且不容易被模仿和超越；企业的管理能力、技术能力或是技术与管理能力相结合，是构成核心竞争力的关键。[3] 芮明杰通过对核心竞争力的分析指出，核心能力是企业发展过程中特有的一种能力，核心能力的凸显，可以使企业在行业市场占据领先优势；核心能力作为综合能力的体现，是技能与技术的结合，而不是单独技能和技术存在。[4] 陈清泰等学者分析指出，核心竞争力作为特殊能力，可以促使企业不断创新，提高企业服务水平，提升创新管理能力，对企业发展具有重要

---

① 阿尔伯特·哈伯德：《把信送给加西亚》，路军译，企业管理出版社 2002 年版。
② 黄津孚、庞连东：《企业发展潜力——评价、分析与挖掘、提升》，经济管理出版社 2001 年版。
③ 黄继刚：《核心竞争力动态管理研究》，中国社会科学院博士学位论文，2002 年。
④ 芮明杰：《中国企业发展的战略选择》，复旦大学出版社 2000 年版。

意义。①

（2）知识创新论。巴顿提出核心竞争力的基础是知识，因此在推动核心竞争力的过程中应该充分意识到学习的重要性。哈默尔与普拉哈拉德在对核心竞争力进行研究后，将其视为一种资源。格兰特提出，相对于知识使用来说，知识获取的难度更大。莫尔与李恩斯表示，核心竞争力是训练、知识及经验的积累，并将核心竞争力划分为四个维度：其一，组织的价值观系统，组员的行为规范与价值观是相同的；其二，组织的管理；其三，组织的技术系统；其四，组员掌握的知识和技能。② 赵国浩等学者认为，核心竞争力是在企业知识和技能的基础上所形成的竞争合力，并非单一技能的形成，而是企业发展进程中，价值链活动所形成的特殊能力，不仅不会被轻易模仿，还可以顺应市场变化而变化。③

（3）资产机制融合论。程杞国认为，企业核心竞争力作为企业发展过程中不可或缺的要素，对企业核心资产的组成至关重要。企业核心资产主要的核心群因素有核心技术、核心产品、核心竞争力以及核心人才，其中，核心人才是核心所在，是核心资产中的关键性组成因素。企业核心竞争力的凸显能够更为直观地反映一个企业的资产使用情况，成为企业多方面整合的前提。企业拥有核心资产，并不一定就具备核心竞争力，只要拥有核心竞争力，那么竞争优势就会自然形成。王秉安认为，企业核心竞争力主要由三个方面组成：核心能力、核心技术及核心产品。核心竞争力主要是指企业在发展进程中，要想在竞争中脱颖而出，就要在竞争中获得能够推动企业长期发展的核心竞争优势。核心竞争力主要由硬核心竞争力和软核心竞争力组成。④

（4）文化论。拉法（Raffa）和佐罗（Zollo）等学者通过深入探究与分析指出，企业核心竞争力存在于两种系统中，分别为操作系统和文化系统，同时也隐藏在人与人、人与环境的复杂关系中，在企业文化中也可以发现，企业核心竞争力存在于企业的各个组织中。分析表明，企业核心竞争力是无法被模仿

---

① 《企业管理现代化、科学化问题研究》课题组：《企业管理现代化、科学化问题研究》，经济管理出版社1999年版。

② 范徽：《核心竞争力—— 基于知识资本的核心能力》，上海交通大学出版社2002年版。

③ 赵国浩等：《企业核心竞争力理论与实务》，机械工业出版社2005年版。

④ 王秉安：《企业核心竞争力理论应用的探讨》，载《福建行政学院福建经济管理干部学院学报》2000年第2期，第32 - 36页。

的，它存在于企业文化中，并且通过多个方面表现出来。[①]

（5）消费者剩余论。管益忻提出，核心竞争力是以企业的核心价值观为主导，以为顾客提供更多、更大的消费者剩余的企业核心竞争力为根本目标的体系。[②] 核心竞争力的本质内涵是消费者剩余。消费者剩余是客户能得到的高于竞争对手的产品或服务的品质与价值。

（6）体制与制度论。左建军研究指出，企业核心竞争力最关键的基础是企业体制与制度。在某种程度上说，企业体制与制度可以更好地维持企业发展，是实现企业长期可持续发展的重要前提，是企业重要的核心竞争力，同时也是企业发展其他竞争力的推动力和基础力量，其他竞争力可以借助于此进行延伸，通过整合形成核心竞争力系统。江庆来认为，企业的核心所在便是企业制度，同时也是企业竞争力的根本所在。[③] 企业制度是企业竞争力的基础，完善制度会促使企业发展的前景更加宽广，而落后的制度将会影响企业未来的发展，甚至被行业市场驱逐。

二、企业核心竞争力理论的提出

学者、专家们剔除对企业的能力与资源、企业外部的市场结构等竞争优势的影响因素后，对哪种因素使得企业实现内部化积累、企业竞争优势的核心来源等一系列的问题展开了更加深入、全面的研究。受安德鲁斯（Andrews）"独立能力"（distinctive competence）概念的启发，普拉哈拉德与加里·哈默尔在1989年发表的《成功——与竞争者合作》一文中，把一个具有重大影响的概念"核心竞争力"引入管理界。该文指出，在短时间内，企业的产品性能、质量等决定着自身的竞争力，而从长期角度来看是核心竞争力决定着企业的竞争力，并提出"核心竞争力"的概念。这两位学者又于1990年发表了《公司的核心竞争力》一文，提出了"核心竞争力理论"，认为"核心竞争力是组织中的积累性学识，特别是关于如何协调不同的生产技能和有机结合多种技术流派的学识"。他们还提出在全球经济持续发展的背景下，竞争必然会越来越激烈，因此必须全面、系统地审视企业，管理

---

① 埃里克森：《企业竞争优势与核心竞争力理论》，东北财经大学出版社1998年版。
② 埃里克森：《企业竞争优势与核心竞争力理论》，东北财经大学出版社1998年版。
③ 埃里克森：《企业竞争优势与核心竞争力理论》，东北财经大学出版社1998年版。

者不应再从终端产品的角度看问题，而应转变视角，从核心胜任力层面来展开研究。在核心竞争力理论中，这两位学者将公司视为一棵大树，分枝是不同的业务单位，主枝、树干属于核心产品，而花果、树叶则属于终端产品，那么核心竞争力则是根系，它的作用是提供营养。如果仅注意到终端产品而忽略其核心竞争力，那么无法在竞争中胜出。与此同时，普拉哈拉德还表示企业的核心竞争力、最终产品、核心产品间的关系是非常密切的，但是三者间存在着较大的差异。具体来说，核心产品是最终产品与核心竞争力的纽带，属于核心能力的表现形式。①

关于核心竞争力的特点，哈默尔与普拉哈拉德在《公司的核心竞争力》中提出其涉及四个方面：其一，核心竞争力决定着企业竞争力；其二，核心竞争力在使用过程中不会减弱，反而会增强；其三，核心竞争力代表的是整合不同技术流派、沟通各种生产技能的能力；其四，核心竞争力是组织中集体性学识。另外，这两位学者还对判定竞争力的标准进行了界定，主要有三点：首先，核心竞争力应该是竞争对手难以模仿的能力；其次，核心竞争力应对消费者受益具有显著贡献；最后，核心竞争力可延伸到其他市场领域。

综上所述，通过对以上研究成果的总结与归纳，可得出核心竞争力是指能够帮助企业为顾客带来特殊利益的技术或技能。可以说，在企业战略理论中，核心竞争力理论处于核心地位，并且将企业关注的焦点由增强核心能力取代竞争策略。近年来，在信息技术快速发展、企业管理变革加深及经济全球化进程加快的背景下，学者对核心竞争力的理解也更加深入、全面，在此过程中，开始从资源、能力、知识等多个角度来对核心竞争力做出解释。截至目前，尽管学术界在核心竞争力的内涵、定义上并没有达成共识，但越来越多的学者倾向于认为其是关于"如何高效地为客户创造独特价值"的能力，这里包含两个方面的核心内涵：一是为客户提供具有独特价值的产品、服务或体验；二是更加高效。② 要实现以上两个目标，一是要充分利用现代技术和工具，包括最新的 IT 技术；二是要充分发挥企业里每位员工的积极性、主动性和创造性。

---

① C. K. Prahalad, Gary Harmel, "The Core Competence of the Corporation", *Harvard Business Review*, Vol. 68, No. 3, 1990, pp. 79 – 91.

② 江庆来：《制度——核心竞争力的基石》，清华大学出版社 2016 年版。

哈默尔提出核心竞争力蕴含在企业的内质中，是经过不断发展与累积得到的，对推动企业发展、增强竞争实力都有着重要的意义。企业获得核心竞争力后，在未来较长一段时间内都能够在竞争环境中脱颖而出。他认为核心竞争力是"组织中累积下的学识"，尤其是"与有机融合多种技术与不同生产技能协调的学识"。

我国学者张维迎在对核心竞争力展开一系列研究后，表示核心竞争力具有延展性、独特性，其根本是可以帮助顾客创造更多的价值，并将其特征概括为五个方面，即溜不掉、拆不开、偷不走、带不走、买不来。

姜汝祥认为："核心竞争力就是能够给客户创造独特价值的团队执行力。核心能力由两部分构成：对外与对内。对外是独特的客户价值，对内是组织执行力。"

哈默尔与普拉哈拉德提出，核心竞争力是指企业内部集体学习的能力，特别是有机融合多种技术与不同生产技能协调的能力。需要注意的是，企业的核心竞争力与物质资本之间存在着较大的差异，在使用过程中不会减弱，反而会增多。从哈默尔与普拉哈拉德关于核心竞争力的观点中，可看出其特征主要有三点：其一，核心竞争力必须拥有能够延伸到其他市场的相关能力；其二，核心竞争力必须很难被竞争对手替代或模仿，否则其竞争优势将会消失；其三，核心竞争力与价值有着密切关系，所以应对顾客的利益具有积极作用。因为核心竞争力的难以模仿性、稀缺性是较强的，因此在对核心竞争力进行研究的过程中，应更多关注如何保持竞争优势，进而实现可持续发展。

三、企业核心竞争力的构成要素

学者们对于企业核心竞争力构成要素的观点存在较大差异，具体表现在以下几个方面（见表2-1）。

表2-1　关于企业核心竞争力构成要素的不同观点

理论	代表学者	主要观点
两类竞争力构成论	王秉安	在核心竞争力中，涉及软核心竞争力、硬核心竞争力两个分支
两维系统构成论	王毅	企业核心竞争力是由能力及能力架构与层次构成的系统
三要素构成论	周卉萍	核心竞争力由技术、管理文化氛围与新理论学习率三要素构成
四维系统构成论	史东明	核心竞争力所呈现的能力维度、层次不同，并且从内向外逐渐递减
多要素构成论	邹海林	核心竞争力的要素在五个以上
全要素构成论	管益忻	核心竞争力是指企业超越竞争对手的、特有的全部要素
制度基础要素构成论	左建军	核心竞争力的基础是制度，当企业拥有合理的、先进的制度时，那么其核心竞争力必然会增强

（1）两类竞争力构成论。两类竞争力构成论的代表学者王秉安在对企业核心竞争力进行分析时指出，企业核心竞争力主要由软核心竞争力和硬核心竞争力两个方面构成。[①] 软核心竞争力主要指的是在企业发展进程中，拥有核心竞争力特征的经营管理能力，其根本特征就是无形化，同时无法被模仿；而对于硬核心竞争力来说，其根本特征包括技能形式、核心技术和核心产品，对于技术密集型产业来说，此类竞争力尤为关键。

（2）两维系统构成论。两维系统构成论的代表学者王毅表示，企业核心竞争力是由能力及能力架构与层次构成的系统。[②] 另外，核心能力是企业持续获得竞争优势的根本。

（3）三要素构成论。持该观点的学者周卉萍认为，核心竞争力共包含三个要素，分别为：新经验、新理论的传递率与学习率，管理文化氛围，技术及

[①] 王秉安：《企业核心竞争力理论应用的探讨》，载《福建行政学院、福建经济管理干部学院学报》2000年第2期，第32-36、79-80页。

[②] 王毅、陈劲、许庆瑞：《企业核心能力：理论溯源与逻辑结构剖析》，载《管理科学学报》2000年第3卷第3期，第24-32、43页。

相关的服务、产品。①

（4）四维系统构成论。学者史东明提出，不同类型的核心竞争力所呈现出的能力维度、层次存在着一定的差异。另外，他还表示核心竞争力的起源是核心价值观，其中包括企业价值标准、经营理念、行为规范以及企业文化等，它会给企业经营与发展带来极大影响，这些属于第一维度的范畴；核心竞争力的第二维度则是组织与管理，在某种程度上说，组织设计会给核心竞争力带来一定的影响，组织具有较强的灵活性，那么核心竞争力就会突出，其作用也会更加明显，企业效率也会更高，企业优势也会由此增强；核心竞争力的第三维度就是技能与知识，指的是企业内部从业人员对知识技能、特殊技术以及知识等方面的理解情况，突出表现了从业者的科研开发能力和技术水平；而第四维度指的是软件和硬件，一般情况下，第四维度在核心竞争力中是非能动性的能力。以上所阐述的这几个维度，在层次上具有很大的差异，进而能力特性和能量也存在着很大的不同。其中，与企业知识储备性质关系更为紧密的是软件与硬件、技能与知识，组织与管理及核心价值观更倾向于整理和控制的功能。

（5）多要素构成论。邹海林在多要素构成论中提出，核心竞争力主要涵盖五个要素，分别为：其一，应变能力；其二，协调生产要素，持续稳定生产的能力；其三，创新能力；其四，研发能力；其五，将发明创造或科研技术转化为生产力或产品的能力。② 余伟萍在对企业核心竞争力分析与探究的过程中，明确指出其要素具体包括：生产制造能力、企业文化、组织管理能力、战略管理能力、创新能力、市场营销能力、人力资源。

（6）全要素构成论。管益忻作为全要素构成论的代表学者，提出核心竞争力是指企业超越竞争对手的、特有的全部要素③，它包括：人力资源开发、战略管理、加工制作、企业文化、经营决策、市场营销、企业产业创新、制度创新、研究开发、品牌战略等。

（7）制度基础要素构成论。左建军是制度基础要素构成论的代表学者，提出核心竞争力的基础是企业制度体系④，科学可行的企业制度对企业发展至

---

① 周卉萍：《如何提升企业核心竞争力》，载《政策与管理》2000 年第 11 期，第 4 - 15 页。
② 邹海林：《论企业核心能力及其形成》，载《中国软科学》1999 年第 3 期，第 56 - 59、67 页。
③ 管益忻：《论企业核心竞争力》，中国经济出版社 2000 年版。
④ 左建军：《浅谈企业核心竞争力》，载《长江论坛》2000 年第 5 期，第 38 - 39 页。

关重要，同时也是企业最基本的核心竞争力。企业核心竞争力的系统包括：品牌、技术创新、专业化、管理、制度与人才等。

第三节　核心竞争力理论研究成果述评

虽然核心竞争力理论在许多领域的实践层面应用广泛，相关研究也比较丰富，但理论学者及实践管理者在核心竞争力的认可方面是不同的，进而导致目前理论体系仍然不够严谨。

一、核心竞争力理论研究的共性之处

核心竞争力理论经过不断的发展与完善，成为当今企业战略管理最有价值的成果之一。从当前国内外有关核心竞争力的概念描述来看，研究成果比较丰富，从不同向度提出了很多极具价值的观点。综合国内外学者的观点，我们发现，这些观点虽存在差异，但仍有共性之处。

核心竞争力不是特指某一技术技能或占有某种独特资源，而是一种在此基础上形成的综合能力。这种能力是通过学习、改进和创新逐渐累积起来，具有形成长期性和系统性的特征。

核心竞争力是通过核心技术优势表现出来的，如服务、技术及产品等。

核心竞争力在企业资源中处于核心地位，其中涉及不同类型的能力体系。其竞争能力是企业持续获得竞争优势的根本，并且很难被转移和模仿。

核心竞争力在短期内无法变现，也就是说，企业对其投资拥有不可还原性的特点。

企业所独具、其他企业不易复制和模仿的文化和价值观念是核心竞争力的决定因素。

二、核心竞争力理论研究的不足之处

1. 理论基础薄弱

哈默尔和普拉哈拉德在提出核心竞争力概念时，并没有给出明确的定义，因此尚未完全清晰地定义核心竞争力。随后虽有众多学者在此基础上进行了大量的研究，但仍未对核心竞争力的内涵做出明确、清晰的界定，含糊片面的情况仍然存在。甚至到今天，一个被学术界和实务界公认的关于企业核心竞争力的概念尚未形成，更不用说形成一套完整的核心竞争力理论研究框架。但任何研究都是一个渐进的过程，当下经济学家和管理学家将核心竞争力看作一种竞争优势的观点逐渐被认同。①

2. 方法和实践的匮乏

对核心竞争力的识别，都是在企业获得成功后对要素的分析总结时得到的，且基本是一种较为模糊的解释，是一种"事后理性"。这和在核心竞争力理论的研究过程中缺乏足够的分析工具及手段不无关系。针对这一问题，范徵教授在《核心竞争力——基于知识资本的核心能力》一书中提出了两个重要的形象模型，一为神经网络"罗盘"模型，二为协同"轮轴"模型，并提出了相关的看法、观点。

3. 核心竞争力理论的中国化问题

核心竞争力理论是西方企业管理实践中的研究成果。众所周知，与西方国家相比，我国的管理思想、产业结构、经济体制及社会制度等都存在着较大的差别，在此背景下，关于核心竞争力的特点及表现形式，我国企业与西方国家企业间必然也是不同的。通过对国内学者所提出的核心竞争力理论进行梳理与归纳，可清晰地看出其局限性体现在三个方面，即行业、市场环境、企业规模。

4. 与其他理论的结合问题

核心竞争力理论过度强调企业的内在能力、成长而形成的竞争优势，在和分析方法的融合、适应外部环境方面并没有给予足够的关注。对此，可清晰地看出核心竞争力理论存在着一定的不足，因此未来有必要加大其与相关理论的

---

① 李广新：《国有商业银行核心竞争力研究》，西南财经大学博士学位论文，2013 年。

融合力度。

5. 相关研究尚停留在理论分析的层面

不难发现，即便现阶段与核心竞争力相关的理论逐渐增多，但是绝大多数理论都是以理论分析为主，而在实践经验方面并没有过多的研究，尤其是在与企业经营、管理方面的融合等方面还需要展开进一步的剖析，同时，在如何确定、评价、应用核心竞争力方面的认识是较为欠缺的。总的来说，想要更好地将核心竞争力理论的作用、价值发挥出来，则在未来须加深与实践的融合。

第四节　竞技体育核心竞争力的多角度阐释

一、竞技体育核心竞争力的定义

近几年来，核心竞争力理论逐渐被引入竞技体育领域，引起了一些学者的研究兴趣，对竞技体育核心竞争力内涵的界定，比较有代表性的观点如下。

梁建平等认为，竞技体育事业的核心竞争力是在竞技体育的运行系统中，作为竞技主体的运动员和教练员，通过运用各种方法和手段进行有机的协调和配合，在运动员选材、运动训练、运动竞赛和竞技体育管理这四个竞技体育的有机组成部分中，获得最大竞技效益所独具的、持续的、整体的竞技能力。[1]

鲁飞通过对竞技体育核心竞争力问题的探究，指出其应该具备的条件主要有以下五个：一是可持续性，该竞争力对实现竞技体育的长期可持续发展具有重要意义；二是服务性，该竞争力不但能够为整个竞技体育提供很好的服务，还可以为一些项目服务；三是独特性，该竞争力与其他竞争力具有很大差异，可以说非常具有特殊性；四是集合性，该竞争力是战术与战略层面优势的整合；五是难以模仿性，该竞争力可以观摩，却不能真正意义上地掌握。[2]

刘成分析指出，竞技体育核心竞争力往往就是在长期的科研、竞赛、人才培养、管理、运动训练、文化建设以及组织结构建设中逐渐形成的。[3] 核心竞

---

[1]　梁建平、常金栋、董德龙：《竞技体育事业核心竞争力的研究》，载《山东体育学院学报》2006 年第 1 期，第 25 – 27 页。

[2]　鲁飞：《试论竞技体育的核心竞争力》，载《中国体育科技》2007 年第 3 期，第 63 – 66 页。

[3]　刘成：《体育竞争情报及其对我国竞技体育核心竞争力的影响研究》，上海体育学院博士学位论文，2010 年。

争力的凸显主要就是单个运动项目竞争力的整合，竞争力超过对手，便可以在竞赛中表现出优势竞争能力。

刘寒青等认为，我国竞技体育核心竞争力主要是竞争优势和实力的整合，该竞争力是相对于竞争对手来说的。[①] 核心竞争力分散在各项运动项目之中，是单个运动项目竞争力的整合。

邓万金认为，我国竞技田径核心竞争力是指在竞争过程中，竞技田径竞争主体在自身要素的优化组合上、客体要素的支撑上及与外部环境的交互作用上所体现出来的相对于对手实现最佳成绩和社会价值而形成的持续竞争优势。[②]

综观相关文献，笔者认为这些学者主要是从资源层面、优势项目层面、要素整合层面、内外部因素层面分析竞技体育核心竞争力。这些成果为本书的研究提供了有益参考，但仍存在以下不足之处：第一，忽略对实践经验的总结和对具体问题的解决，理论概括性有待加强；第二，全面系统性的竞技体育竞争优势研究较少，多种元素、多维层次的整体性、系统性研究不多；第三，不同形势背景下竞技体育竞争力的探索性研究较少，竞技体育竞争力发展方向的预测性研究不多。

二、竞技体育核心竞争力的构成要素

刘成认为，竞技体育发展过程中，优势项目核心竞争力的凸显，更多地表现为可以为竞争主体带来更多优势，核心竞争力便是这些优势的整合。[③] 想要一直拥有优势，就需要竞争主体将竞争力转为核心竞争力，这样竞争优势才会更加突出，对提高和保持能力具有很大的促进作用。羽毛球、体操、举重等项目所表现出来的核心竞争力，其构成要素主要有 4 个一级指标，分别为竞技体育科技保障、优秀运动员及教练员成长机制、竞技体育精神、竞技体育制度。这 4 个一级指标涵盖 8 个二级指标，包括优秀的教练员团队、竞技体育制度文化、后勤保障服务机制、体育竞争情报采集传递系统、竞技体育财政支持体

---

① 刘寒青、刘成、司虎克：《我国竞技体育部分优势项目核心竞争力的构成要素分析》，载《天津体育学院学报》2011 年第 26 卷第 5 期，第 453－456 页。

② 邓万金：《我国竞技田径核心竞争力指标体系构建研究》，北京体育大学博士学位论文，2008 年。

③ 刘成：《体育竞争情报及其对我国竞技体育核心竞争力的影响研究》，上海体育学院博士学位论文，2010 年。

系等。

刘寒青认为，我国竞技体育所表现出来的核心竞争力，更多的是从竞争对手的角度来说的，通过与竞争对手对比优势，使得运动项目核心竞争力得以充分凸显，也成为构成运动项目单项核心竞争力的主要方式。单项竞争力整合为核心竞争力，优势项目包括羽毛球、体操和举重，核心竞争力关键构成要素不得进行拆分和优化，项目所处情况不同，竞争环境、资源配置、发展历程、战略规划都存在着很大的差异，项目制胜规律也迥然不同。对此，项目核心竞争力构成要素的识别、判断，也要根据不同的评价体系、指导思想和最终结果进行综合考量。我国羽毛球、体操和举重项目的竞争力的各个构成要素并不一定都占有优势，但只要进一步地优化配置、科学管理，要素整合的效果就会更加明显，也必定会占有突出优势，核心竞争力也因此而形成，收到 $1 + 1 > 2$ 的神奇效果。

邓万金认为，我国竞技田径核心竞争力的构成要素包括 3 个一级指标，即动力层竞争力、支撑层竞争力和环境层竞争力；12 个二级指标，即竞技体育教练员资源竞争力、竞技体育运动员资源竞争力、科研与训练结合程度、参赛能力、政府政策力度、竞技体育裁判员资源竞争力、竞技体育后备力量竞争力、后勤保障竞争力、媒体宣传力度、竞技体育赛制竞争力、管理竞争力和开放竞争力。动力层竞争力是我国竞技体育核心竞争力的源动力。

梁建平等认为，我国竞技体育核心竞争力评价要素主要包括以下 3 个：一是竞技基础，该评价要素涉及的评价指标有项目成绩系数、大众认可程度系数、项目普及程度系数、领导决策满意程度系数；二是竞技科研，该评价要素涉及的评价指标有科研信息应用转化系数、科研队伍综合实力系数、科研信息传递交流系数、科研设备综合实力系数；三是竞技主体，该评价要素涉及的评价指标有运动员先天优势系数、教练员调配综合能力系数、后备队员培养系数、教练员专项技术战术创新系数、名次成绩再现系数、运动员成绩成长周期系数、运动员专项技术绝招系数、成绩实现系数。[①]

---

① 梁建平、常金栋、董德龙：《竞技体育事业核心竞争力的研究》，载《山东体育学院学报》2006 年第 1 期，第 25 – 27 页。

三、竞技体育核心竞争力培育研究成果

祁明德等认为，各个核心竞争力要素之间具有非常紧密的联系，这些要素相互制约、相互依存，关系相对复杂，并且在持续地变化。[①] 在寻找和发现核心竞争力提升的有效方式过程中，一定要遵循客观规律，明确对竞技体育发展产生影响的相关因素，充分地掌控核心竞争力的形成机制，了解其具体的来源情况。他还进一步指出，要重视对优秀人才的吸纳和招收，对本土人才加大培养力度；加强竞技体育法制建设，促使竞技体育实现真正意义上的法制化管理；对科研和技术加大攻关力度，以更好地提高训练与科研之间的融合度；充分整合各层面的力量优势，使得区域竞技体育可以实现网络化管理；创办各类体育赛事，使得广东竞技体育整体水平得以提升；创新管理体制，探索适合市场化管理的体育发展模式。其中，管理体制创新、创新能力培养不仅仅对竞技体育发展至关重要，而且也是核心竞争力的关键来源。对此，有关措施要从以上两个方面来考量，只有制度和技术创新得以实现，区域竞技体育核心竞争力的提升才会更有意义。

鲁飞认为，竞技体育核心竞争力的构建，具体包括以下几种途径：一是以能力为前提，在此基础上进行构建。持续提升自身能力，其中包括创新能力、学习能力、驾驭能力、组织能力、监督能力、体制及机制运行能力等，使得自身综合能力强于对手。二是以获取为前提，在此基础上进行构建。简单来说，就是借助合作网络构建的方法，获取价值较高的资源、经验、信息及知识，使得合作伙伴的来源相比对手来说更加广泛。三是以占有为前提，在此基础上进行构建。主要指的就是依据自身实力，获取更多价值较高的资源，使其在竞争中立于不败之地。以上所述途径并非单独存在，而是相互影响、相互依存、相互作用。[②]

刘颖对国内优势项目的实际情况展开研究后，从多个角度入手，对培育核心竞争力的方法与建议进行了讨论：以"奥运争光"计划作为核心，持续提升优势项目的科研水平；将核心技战术水平的培养放在首位，进而形成合理

---

① 祁明德、许晓音：《区域竞技体育核心竞争力培育研究》，载《广州体育学院学报》2012年第32卷第2期，第9-13、19页。

② 鲁飞：《试论竞技体育的核心竞争力》，载《中国体育科技》2007年第3期，第63-66页。

的、有效的管理模式；加强竞技体育优势项目训练基地的构建，呈现资金投入多元化、发展模式现代化的特征；充分发挥政府的作用，争取政策扶持；重视创新，完善知识管理机制。[①]

邓万金提出，我国竞技体育核心竞争力的培育实现途径包括：发挥高层领导的核心作用，实现管理整合；确立多点优势单项发展战略；积极打造人力资源优势，培育高水平的竞技体育主体；积极开展先进的竞技科研，努力将科研成果转化为训练生产力；围绕实战，构建多元化竞赛实战保障体系；发挥宏观协调作用，在竞技体育项目结构布局中引导我国竞技体育核心竞争力；树立核心竞争力意识，强化基于我国竞技体育核心竞争力战略的观念。同时，提出我国竞技体育核心竞争力的培育措施包括：进一步完善竞技体育运动训练与竞赛机制，使之更加体现竞技化和法制化；找准突破口，积极打造竞技体育优势项目和核心人物，努力扩大奖牌增长点；积极贯彻"科技兴体"方针，为提升我国竞技体育核心竞争力增添动力源；因势利导，积极发挥举国体制优势；以提高我国竞技体育核心竞争力为目标，形成奥运优势项目集团优势。[②]

四、竞技体育核心竞争力研究成果评述

通过对当前与竞技体育核心竞争力相关的文献、资料进行梳理与归纳，笔者认为学者们主要从四个层面对我国竞技体育核心竞争力进行了研究。第一，从资源观层面进行研究，立足人才资源、政策资源，对其核心竞争力展开剖析；第二，从优势项目层面进行研究，将传统的优势项目放在重要位置；第三，从我国竞技体育特有的要素整合层面进行研究，根据我国内在固有的要素，来对其核心竞争力展开剖析；第四，从影响我国竞技体育发展的内外部因素层面分析我国竞技体育核心竞争力。笔者认为，竞技体育的本质是竞争，竞争主要通过运动成绩来表现，在竞争优势、竞争力发展的进程中出现了核心竞争力。因此，只有立足运动成绩，全面分析我国竞技体育的竞争力和竞争优势，才能准确地把握我国竞技体育核心竞争力。

---

① 刘颖：《我国竞技体育优势项目核心竞争力的培育及研究》，载《沈阳体育学院学报》2006年第25卷第3期，第1-3页。
② 邓万金：《我国竞技体育竞技实力格局嬗变研究》，载《广州体育学院学报》2013年第33卷第1期，第54-57页。

第五节　重要概念

一、竞争

关于竞争的研究，最早应起源于对动物界竞争现象的研究。每一种生物都需要获得一定的资源来维持其生存需求，自然界便形成了一条极为复杂的竞争生物链。竞争在人类社会中属于一种常见的社会互动方式，它是为满足个体或群体的需求所发生的既冲突又合作的关系。《辞海》将"竞争"定义为：商品生产者为获取有利的产销条件而开展的角逐，具体可将其划分为社会主义竞争、资本主义竞争两个分支。另外，学者乔治·斯蒂格勒在《新帕尔格雷夫经济学大辞典》中，提出"竞争是国家、集团、组织、个人间的角逐，一旦存在着某种多方无法全部获得的东西或事物时，便会出现竞争"。

通过对上述概念的剖析，可以总结出竞争具有以下特征：竞争的对象为同一目标性；获得目标的过程具有一定的难度，而非轻而易举；竞争根据相应的社会规范开展，避免间接反对关系转化为直接反对关系；获取目标是竞争的目标，而不是和竞争对手间的间接的反对关系。

结合上述概念的本质内涵、特点及竞技体育的本质属性，本研究认为竞技体育中的竞争是指个体（或集团，或国家）在同一比赛过程中为追求最佳成绩所表现出的角逐过程。

二、竞争力

竞争和竞争力是一对相互依存的概念，竞争是竞争力存在的前提，竞争力决定着竞争主体在对资源争夺期间的能力，意味着资源的效率、配置格局与竞争力有着密切的关系。一般来说，主体处于资源配置最有竞争力的状态时，可实现帕累托效率。想要表现出竞争力，那么其前提是发生竞争。判断竞争主体竞争力大小的衡量标准为：在竞争过程中，竞争主体是否有效实现了竞争目的；在和竞争对手的角逐过程中，竞争主体是否具备较之对手更高的竞争优势；竞争主体是否采用了有别于对手的战略、策略、手段和方法。[1]

结合上文对竞技体育竞争内涵的阐释，本研究认为：竞技体育竞争力是指竞争主体在与其他竞争对手（国家或集体或个体）的角逐过程中，为取得领先于对手的优势所表现出的竞争能力。竞技体育放在不同的系统中，所表现出的竞争力和竞争价值是不同的。在大型赛事系统中，竞技体育的竞争力和竞争价值就是竞争主体群，通过展示个人相对于对手更佳的竞争能力获得最优运动成绩。衡量其竞争力大小的标准为：是否取得了最佳运动成绩；在比赛过程中，是否具备了较之对手更高的竞技能力；在比赛过程中，是否采取了更有创新性的技术、战术、手段和方法等。

三、竞争优势

早在20世纪30年代所提出的产业组织理论中，便具有了竞争优势的思想，自此之后学者对竞争优势的研究越来越丰富和深入。截至目前，可清晰地看出与竞争优势相关的概念、理论是尤为丰富的。其中，波特在《竞争战略》中对竞争优势的概念进行了界定，提出竞争优势是指企业能够为其买主提供的价值高于付出的成本。当企业拥有竞争优势时，则意味着能够为客户提供具有某种独特的效用，而他们愿意为此付出高昂价格的产品，或者是为客户提供同等效用的商品时价格方面具有优势。[2] 由此，可看出波特对竞争优势的理解更加注重客户价值，并且以客户和市场为基准。而后期阶段所提出的资源本位企业观，则是将动态能力、核心竞争力及独特资源作为核心。[3] 我国学者马浩在《竞争优势》中，同样对"竞争优势"展开了深入、全面的研究，认为竞争优势是指一家企业相对于其他企业，在任何可比的维度或层面上具备想象的或实际的不对称性或差异性，使得企业为顾客提供的价值更好、更具有优势。这个

---

① 马金书：《西部地区产业竞争力研究》，云南人民出版社2004年版；张金昌：《国际竞争力评价的理论与方法》，经济科学出版社2002年版。

② M. E. Porter, *Competitive Strategy*, New York: Free Press, 1980.

③ J. B. Barney, "Firm Resources and Sustained Competitive Advantage", *Journal of Management*, Vol. 17, No. 1, 1991, pp. 99 – 120; C. K. Prahalad, Gary Harmel, "The Core Competence of the Corporation," *Harvard Business Review*, Vol. 68, No. 3, 1990, pp. 79 – 91; D. J. Teece, G. Pisano, A. Shuen, "Dynamic Capabilities and Strategic Management", *Strategic Management Journal*, Vol. 18, No. 7, 1997, pp. 509 – 533.

定义是关系型的，取决于分析的具体境况，且易于量化和操作。针对企业的竞争优势，其类型重点涉及三个分支，具体为以能力为基础的竞争优势、以获取为基础的竞争优势、以占有为基础的竞争优势。简而言之，以能力为基础的竞争优势通常情况下与企业服务、运作、营造及制造的能力有关；以获得为基础的竞争优势是指企业可在优惠、优先的状态下，与产品或要素接触，在此基础上获取顾客或资源，相应地在为顾客提供服务与产品方面具有一定的优势；以占有为基础的竞争优势是指企业的资源、位置，使其在竞争市场中可脱颖而出。

通过以上对竞争优势内涵的剖析，结合竞技体育的本质属性，本研究认为竞技体育竞争优势是指竞争过程中，通过自身要素优化以及与外部环境的交互作用，在有限的资源中获得的相对于竞争对手的独特性的赛后位势。

四、竞技体育核心竞争力

基于以上对竞争、竞争力、竞争优势的概念进行研究与剖析，笔者对它们之间的关系进行了梳理，以明晰竞技体育核心竞争力的理论推导逻辑。这几者之间是互为存在前提的，竞争力是竞争优势形成的前提，而竞争力是在竞争的基础上所出现的，而核心竞争力来自竞争优势。需要注意的是，竞争力是竞争优势的必要非充分条件，也就是说，当竞争主体有竞争优势时，那么必然具备竞争力，但具有一定竞争力的竞争主体未必就能形成强于对手的竞争优势。而竞争优势是核心竞争力的必要非充分条件，也就是说，竞争主体的竞争优势并不是全部都能转化为核心竞争力，意味着部分竞争优势无法发挥出其作用。在竞技体育的发展过程中，某个项目只有具备竞争力，才有形成竞争优势的可能，形成竞争优势是核心竞争力的构建基础。这是一个环环相扣的逻辑关系。

五、形成机制

机制原意为机器的工作原理及构造，后被引申到自然科学领域，将其理解为自然现象或事物的功能、作用过程和原理。而将机制引申到社会科学领域后，那么所包括的内容更加丰富。通过对机制目前的使用情况展开剖析，得知其含义主要表现在三个方面：其一，发挥功能的作用原理与过程；其二，事物在规律性运动状态下所呈现的效应、作用；其三，各个要素间的关系。①

本研究基于以上定义基础，对形成机制进行定义：指对象在形成其自身能力过程中所体现的具有规律性的发展模式。

第六节　竞技体育的发展研究

当前，在我国国际话语权不断提高、竞技体育实力逐渐提升的背景下，国内学术界对国家竞技体育发展进行了积极探索。截至 2020 年 11 月 20 日，对此前我国学术期刊网络出版总库进行检索，以"竞技体育发展"为题目的文章共有 212 篇。经检索国家社科规划办网站，有关"竞技体育发展"的课题共 8 项，而有关竞技体育核心竞争力的立项课题只有 1 项。代表性观点主要有：当前我国竞技体育应该转换为新型体育发展方式，也就是备受关注的"可持续发展型"。从目标的角度进行分析，以强国体育为奋斗目标，以惠民体育为基础；从发展机制的角度来说，多种发展机制进行整合，使得现有资源得到良好的优化配置；从发展主体的角度来分析，要着重突出多方合作的重要性，表现出运动员的体育力量；从发展规范的层面来说，要实现德治与法治的协调。转变竞技体育发展方式可以从以下六个方面进行调整，包括发展机制、发展理念、发展格局、发展主题、发展模式以及发展目标，以更好地推动我国体育事业从体育大国向体育强国发展。转变竞技体育发展方式的途径主要有构建竞技体育发展的社会基础，突出竞技体育所具有的主体性地位，加强体育项目的区分化管理。在转型发展的过程中，不但要巩固传统优势项目，还要着重发展集体类项目、体能及对抗类项目，不能单纯地发展优势项目，而错失其他项目的发展机会。

总体上看，此类研究对推动我国竞技体育发展发挥了重要作用，但以下三方面仍须进一步探索：第一，竞技体育形成机理和发展方式的作用尚未得到充分体现，其研究有待深入；第二，我国现有竞技体育发展方式研究与竞技体育形势发展需要的结合有待加强；第三，主要集中在宏观理论探索层面，实践依据有待丰富。

---

① 郑杭生：《社会学概论新修》，中国人民大学出版社 2003 年版。

　　随着竞技体育的深入发展，转变竞技体育发展方式成为新时期竞技体育发展的主线，根据竞技体育发展主体作用程度的差异，理论界主要将其划分为四种方式，具体为：结合型发展方式、市场主导型发展方式、政府主导型发展模式、社会主导型发展模式。

第三章　研究总体思路与方法

第一节　研究总体思路

本书在收集与核心竞争力、竞技体育核心竞争力相关的文献，并进行整理的基础上，得到的框架内容如下：

在对"企业核心竞争力理论""竞技体育核心竞争力理论"和"竞技体育发展"等相关理论进行梳理的基础上，以《竞技体育"十三五"规划》为依托，以竞技体育核心竞争力的可持续提升为目标，在国际竞技体育发展和我国体育强国建设背景下，解读现阶段我国竞技体育核心竞争力形成过程中存在的根本性问题，对我国竞技体育核心竞争力的形成机制进行全方位、系统性的论证和研究，并提出相适应的发展路径。本书从八个部分对竞技体育核心竞争力的形成机制及路径研究进行了系统论证。

第一部分，对本书的基础理论和国内外竞技体育核心竞争力相关研究现状进行基本的梳理和评述，针对目前竞技体育核心竞争力理论研究的不足及空白点，对本书的研究目的、研究意义进行阐述，同时介绍研究内容与对象，最后对研究方法、创新点进行阐述。

第二部分，概念与理论基础。通过对与企业核心竞争力相关的概念、理论进行收集与归纳，并考虑到竞技体育的特点、本质及发展现状，在此基础上对竞技体育核心竞争力的概念、功能及特点等方面进行界定与讨论。

第三部分，我国竞技体育核心竞争力的形成过程。基于竞技体育核心竞争力的动态变化性，对竞技体育核心竞争力的形成过程进行划分。随着社会经济的不断发展、政策制度的改革，我国竞技体育核心竞争力构成要素也出现了一定的变动。本书以社会经济改革发展和竞技体育本身的发展规律作为划分竞技体育核心竞争力形成阶段的重要依据，将其划分为探索阶段、初级阶段和发展阶段三个时期。

第四部分，指标体系设计思路。通过对我国竞技体育核心竞争力的实际情况展开剖析，在此基础上对其构成要素进行明确，进而综合、深入地对影响竞技体育核心竞争力的因素和提高竞技体育核心竞争力形成机制进行研究。

第五部分，我国竞技体育核心竞争力发展阶段的主要问题。讨论什么是竞技体育的主要问题，有必要先建立一个逻辑分析框架，即竞技体育问题是什么，竞技体育核心竞争力问题是什么，最后才能准确分析竞技体育核心竞争力主要问题是什么。基于这个分析框架，剖析现阶段我国竞技体育核心竞争力的主要问题。

第六部分，我国竞技体育核心竞争力的形成机制。首先，基于目前我国竞技体育核心竞争力发展阶段中存在的问题和已有的基本理论及相关研究成果，我们做如下理论判断（命题）：第一，项目创新服务将促进竞技体育科学管理的形成；第二，梯队建设培养机制将促进竞技体育人才资源的整合；第三，双元动态激励机制对竞技体育无形要素竞争力的形成具有促进作用；第四，支撑保障管理机制将推动竞技体育竞争优势形成；第五，可持续发展机制将激励竞技体育核心竞争力的形成。

第七部分，我国竞技体育核心竞争力的空间分布。我国城市在经向、纬向具有分布不均衡的特点，这与自然条件、历史、人口、经济、政治及社会等相关因素有着非常密切的关系。与此同时，在以上因素综合作用的情况下，会引发不同程度的影响。各地区经济实力的差异，也必然导致其竞技体育发展的差异，东北部及沿海地带的经济发展为竞技体育的发展提供了有利条件，这些地区成为我国竞技体育发展布局的重点。从大项和小项两个层面探析我国竞技体育核心竞争力的空间特征，有助于我们明晰竞技体育的时空特征和发展方向。

第八部分，竞技体育核心竞争力的发展路径。政府主导型、社会主导型、政府和社会协同型是竞技体育发展的三种模式。我国竞技体育发展应从政府主导型逐渐转变为政府与社会协同型。本研究以外在显性和内在隐性为研究视角，结合我国竞技体育发展保障措施，从社会化路径、职业化路径、市场化路径、集约化路径等角度入手，对相关的发展路径展开深入的研究。

第二节　研究技术路线

本书的研究技术路线如图 3 - 1 所示。

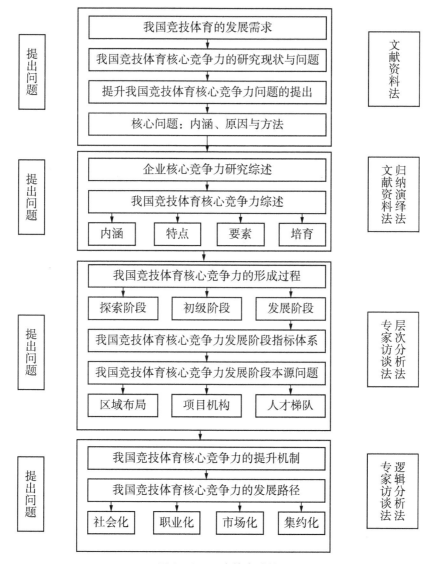

图 3 - 1　研究技术路线

第三节　研究方法

只有运用科学的研究方法才能保证学术研究的科学性与真实性的统一。一般情况下，可将社会研究方法划分为研究范式、方法论、具体方法与技术三个分支。本书在对我国竞技体育核心竞争力问题研究的过程中，以结构－功能主义为研究范式，并严格遵循历史唯物主义和辩证唯物主义的方法论，借助德尔斐法、空间分析法、专家访谈法、文献资料法、比较分析法、层次分析法等具体研究手段，探析我国竞技体育核心竞争力的形成机制。

一、认识论层面：辩证唯物主义与历史唯物主义

辩证唯物主义与历史唯物主义不但是人类以往科学与哲学思想发展的重要成果，而且是科学的世界观和方法论，在推动时代发展方面有着重要的作用。对此，本书在研究与剖析的过程中，将辩证唯物主义、历史唯物主义作为研究方法论的认识导向，进而科学、合理地对社会实践和意识等进行判断。

同时，核心竞争力属于一个有机系统，其中包含多个因素。另外，核心竞争力为系统而生、因系统而生，不是单独存在的，因此在研究期间有必要运用系统论。

二、研究范式：结构功能主义

在当代社会科学理论的范畴中，结构功能主义处于重要的地位，社会体系是具有一定结构的系统，同时各个分支采用有机的方法联系在一起，进而发挥相应的功能。总的来说，过程研究方法与系统研究方法的结合是该范式的实质，不但注重系统的整体性，也强调在互动期间各项分支发挥的作用。

三、具体的研究方法

1. 文献资料法

文献资料法是指通过搜集与课题研究相关的文献内容，对文献进行鉴别、筛选，并进行总结归类研究之后，得出科学认识的一种有效方法。本书采用文献资料法进行深入研究，主要通过北京体育大学图书馆相关数据库以"企业

核心竞争力""竞技体育核心竞争力""竞技体育发展"为"主题词"或"篇名"进行检索，在百链云图书馆和 Web of Science 数据库进行国外"企业核心竞争力""竞技体育发展"文献资料的检索。在国家图书馆、清华大学和北京体育大学图书馆等平台，收集与竞技体育发展、核心竞争力以及企业核心竞争力等相关的资料。

本书的文献收集包括两大主线：一是企业核心竞争力有关的内容分析，基于收集到的资料内容，对本书理论研究进行论证，对企业核心竞争力进行重点研究；二是对竞技体育核心竞争力和竞技体育发展的相关文献进行整理、归纳和述评，发现我国竞技体育核心竞争力研究中存在的问题。

整理和分析核心竞争力理论、核心竞争力发展路径理论，寻找与竞技体育相关联的理论基础。初步解决以下问题：竞技体育核心竞争力的内涵是什么？我国竞技体育核心竞争力的形成过程包括哪几个阶段？影响现阶段我国竞技体育核心竞争力的因素有哪些？提高我国竞技体育核心竞争力的路径有哪些？

2. 专家访谈法

对专家进行访谈的任务主要包括明确概念，建立我国竞技体育核心竞争力指标体系以及就形成机制和发展路径进行深入访谈，竞技体育学、体育社会学、体育管理学等领域的专家是本次访谈的主要对象（见表 3 - 1）。

表 3 - 1　访谈专家情况统计

序号	第一轮			序号	第二轮		
	姓名	职称	工作单位		姓名	职称	工作单位
1	刘**	教授	原恒大足球学校	1	刘**	教授	原恒大足球学校
2	李**	教授	北京体育大学	2	李**	教授	北京体育大学
3	沈**	教授	北京体育大学	3	易**	教授	温州大学
4	谢**	教授	北京体育大学	4	仇*	教授	清华大学
5	周**	教授	华中师范大学	5	钟**	教授	首都体育学院
6	钟**	教授	首都体育学院	6	周**	教授	首都体育学院
7	周**	教授	首都体育学院	7	张**	教授	河南大学
8	王**	教授	福建师范大学	8	林**	教授	福建师范大学

续上表

序号	第一轮			序号	第二轮		
	姓名	职称	工作单位		姓名	职称	工作单位
9	方**	教授	福建师范大学	9	方**	教授	福建师范大学
10	邱*	教授	武汉理工大学	10	王**	教授	苏州大学
11	李**	教授	广州体育学院	11	罗*	教授	江西师范大学
12	吕**	教授	广州体育学院	12	吕**	教授	广州体育学院
13	吴**	教授	广州体育学院	13	罗*	教授	广州体育学院
14	朱**	教授	哈尔滨体育学院	14	李*	教授	成都体育学院
15	刘**	教授	南通大学	15	高*	教授	南京体育学院
16	周**	教授	杭州师范大学	16	高**	教授	华南理工大学
17	李*	教授	成都体育学院	17	周**	教授	华南师范大学
18	孙**	教授	成都体育学院	18	吴**	教授	暨南大学
19	高*	教授	南京体育学院				
20	洪**	教授	海南大学				

3. 德尔斐法

德尔斐法主要是将专家的主观判断与相关经验作为核心，在此基础上对因素开展估算，然后将估算结果反馈给专家，经过一系列处理后，最终得到协调一致的评估结果。运用德尔斐专家问卷法的目的是建立竞技体育核心竞争力指标体系的内容效度。

第一步，通过文献研究，结合自己的经验，初步拟定我国竞技体育核心竞争力构成要素体系；第二步，选择专家，征得专家本人的同意后，选取本专业领域既有实际工作经验又有较高理论水平的专家20人左右，进行指标筛选；第三步，向各位专家发送已有指标、指标选择标准、相关资料与信息；第四步，将专家的主观判断结果回收，在此基础上构建我国竞技体育核心竞争力构成要素体系（见图3-2）。

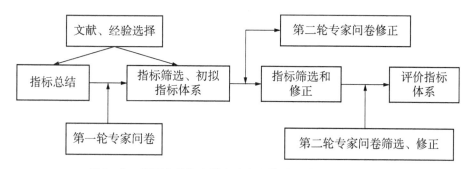

图 3 - 2　我国竞技体育核心竞争力构成要素体系构建路线

4. 层次分析法

萨蒂（Thomas L. Saaty）教授在20世纪70年代提出层次分析法，其特点是将定性与定量相结合。该方法基于先分解后综合的系统思想，对复杂的问题采用层次模型表达出来，将决策者的主观判断选择与客观的数学方法相结合，通过两两指标对比的方式，对各个指标的系数进行计算与排列，进而得到一定的结果。其具体操作思路为：首先，将具体问题进行层次化处理，进而得到不同类型的因素，根据隶属关系、相互关系来对其进行组合，得到多层次分析结构模型；其次，对各个层次因素的判断标度进行明确，对相关专家意见进行整理，并构造两两判断矩阵，然后求解、一致性检验，进而得到特征向量；最后，得到相对重要程度的权值，得到最佳方案。因此，本书为了对我国竞技体育核心竞争力构成要素的权重进行确定，借助层次分析法构建了层次分析判断矩阵，根据结果得到了要素体系的层次结构。

5. 空间分析法

空间分析是对地理空间现象的定量研究，在GIS（地理信息系统）中处于重要地位。在具体操作过程中，对空间数据进行处理后转变为不同类型的形式，在此基础上便可对潜在的信息进行提取。以 ArcGIS 10. 2 为绘图软件，运用空间分析的时空角度，直观展现2013—2018年我国运动员获取世界冠军的区域分布情况，从竞技体育项目的大项类和小项类两个维度进行空间分布分析，旨在了解和把握各省区市竞技体育实力在我国整个竞技体育板块中所处的地位。

6. 逻辑分析法

任何科学理论的建立都必须借助逻辑推理，由于竞技体育拥有较强的特殊性，逻辑分析法在竞技体育领域的运用中有着积极意义，其原因主要涉及三点：其一，竞技体育的核心竞争力涉及众多项目，属于一个有机整体，所包含的项目拥有逻辑一致性；其二，竞技体育核心竞争力是由多个要素构成的，具有严谨逻辑结构的命题与判断；其三，根据内在逻辑提出的路径及策略，才能真正实现竞技体育的可持续稳定发展。运用概念、推理及判断等思维方式，对竞技体育核心竞争力的问题、形成机制及发展路径等内容进行分析、归纳思辨，进而能够得到一定的观点。

第四节　研究创新点

一、研究视角的创新

本书将管理学领域的核心竞争力理论应用于竞技体育中，立足竞技体育核心竞争力的本质问题，探索其形成机制和发展路径。一方面，力求实现核心竞争力理论与竞技体育实践有机"契合"；另一方面，力求通过现象—问题—机制—路径的研究逻辑，以系统观思路对竞技体育核心竞争力进行整体性研究。根据近几年来我国运动员获取世界冠军的空间分布状况，采用不同的空间维度来表达，即从点状分布、线状分布、面状分布和体状分布来探析我国竞技体育核心竞争力的空间分布特征，以准确表达近几年我国竞技体育的空间分布在时间维度上的变化特点。

二、研究观点的创新

从基础层、支撑层与环境层构建我国竞技体育核心竞争力构成要素体系，借鉴三轮驱动模型探析三个层面之间的内在联系，最后提出我国竞技体育核心竞争力形成机制。以竞技体育核心竞争力发展阶段中的本源问题为研究切入点，综合、深入地对我国竞技体育的实际发展情况、内部环境、外部环境及全球竞技体育的发展趋势展开剖析，在此基础上提出集约化、市场化、职业化、社会化路径，这在一定程度上可以弥补或丰富以往竞技体育发展的研究内容。

三、研究方法的创新

通过德尔斐法和层次分析法（AHP）构建我国竞技体育核心竞争力"目

标树"，将创新传统同类研究中以定性和文献研究为主的研究方法。借助空间模型、空间数据等对潜在的信息展开深入的挖掘，探寻竞技体育项目的空间位置、方位、距离、分布、拓扑关系及形态等，获取不同年份我国竞技体育核心竞争力的形态结构，最后结合空间目标的属性数据、空间数据，来描述相关的特定任务。

第四章 研究结果与分析

第一节 我国竞技体育核心竞争力的理论基础

一、我国竞技体育核心竞争力的逻辑前提

在研究竞技体育核心竞争力问题的过程中，应该将竞技体育核心竞争力是否存在作为逻辑前提。换个角度来说，假如竞技体育核心竞争力的概念不存在，那么对其展开研究是没有必要的。

核心竞争力这一概念源于经济学领域，作用于各企业工作，以巨额利润为追求目标。随着对其内涵和外延认识的不断深入，核心竞争力已经被运用到各个行业、层次当中，小到企业公司，大到国家地区，都需要打造其自身核心竞争力，特别是在市场竞争日益激烈的背景下，提升竞争能力尤为重要。竞技体育作为社会系统的分支，在竞技体育发展进程中必然会存在竞争性，即存在竞争能力强弱之分的实际意义，这一点与核心竞争力的概念内涵高度契合。由于竞争对象与目标不同，企业公司与竞技体育的竞技能力也存在一定差异，如企业公司的竞争能力是围绕顾客以较低成本创造最大价值的产品及服务，而运动员的比赛成绩、运动能力是竞技体育间竞争能力的核心，二者虽有不同，但本质与原理一脉相承。

确定竞技体育存在竞争能力这一概念前提之后，进一步考察竞技体育是否存在竞争优势。对于竞技体育而言，比赛成绩是衡量其竞争能力最直接的指标，对于各个国家、地区而言，所谓竞争优势应指其在大型比赛中取得优秀成绩与排名的能力；核心竞争力则是一种长期的、可持续的竞争优势，即指长期、持续在大型赛事中取得良好排名、成绩的能力。对于企业公司、竞技体育来说，即便它们所隶属的社会组织存在较大的差别，但是它们的共同点是系统结构完整。综观各届奥运会各个代表团取得的金牌、奖牌总数，不难发现，那些竞技体育强国均拥有其各自的优势项目，如我国的乒乓球、跳水项目，美国

的篮球、游泳、田径项目，俄罗斯的艺术体操、花样游泳项目等。以我国乒乓球项目为例，自 1988 年汉城奥运会到 2016 年里约奥运会，乒乓球项目产生的金牌总数为 32 枚，而我国国家代表队共获得其中 28 枚金牌，占该项目总金牌数量的 87.5%，由此我们能够看出，在全球范围内，我国乒乓球项目的综合实力是非常强的。由于具有可持续的、长期的获得金牌的能力，所以可认为该项目具备强大的核心竞争力。

总的来说，核心竞争力最早起源于经济学领域，而伴随着核心竞争力的作用及价值的日益凸显，这一概念逐渐被运用到其他领域，其中便包含竞技体育领域。简而言之，竞技体育核心竞争力是一种物质性的、客观的绝对存在。

二、我国竞技体育核心竞争力的概念

竞技体育核心竞争力是企业核心竞争力的衍生概念，在对我国竞技体育核心竞争力概念进行解析之前，须明晰核心竞争力的概念。

1990 年，普拉哈拉德、加里·哈默尔教授在《企业核心竞争力》一文中，首次提出了核心竞争力概念，表示 "the collective learning in the organization, especially how to coordinate diverse production skills and integrate multiple streams of technologies"[1]，国内学者译为 "组织中的积累性学识/学说，特别是如何协调不同的生产技能和有机结合多种技术流派的学识/知识"[2]。综上所述，两位学者仅仅给出描述性概念，并未明晰其具体定义，但这并不碍于核心竞争力这一概念短时间内引起众多学者的高度重视与积极探讨，人们对核心竞争力的研究自此拉开序幕。总的来说，虽然包括笔者在内的众多学者尝试进一步明晰其定义，但仍不能给出确切的研究成果以及相应的理论框架，不过在核心竞争力的作用与价值方面学者们有着共同的观点。[3]

随着对核心竞争力的内涵和外延认识的不断深入，核心竞争力这一概念已辐射至社会各个领域，在此背景下，我国一些学者尝试将竞技体育、核心竞争力进行融合，在此背景下出现了竞技体育核心竞争力的概念，用于我国竞技体

---

① C. K. Prahalad, Gary Harmel, "The Core Competence of the Corporation", *Harvard Business Review*, Vol. 68, No. 3, 1990, pp. 275 - 292.

② 张炜：《核心竞争力辨析》，载《经济管理》2002 年第 12 期，第 10 - 17 页。

③ 袁振华：《国家开发银行核心竞争力研究》，中南大学博士学位论文，2011 年。

育各运动项目竞争优势的探究与构建。吴劲松等认为，"在竞争过程中，竞技体育竞争主体在自身要素的优化组合上、客体要素的支撑上及与外部环境的交互作用上所体现出来的相对于对手实现最佳成绩和社会价值而形成的持续竞争优势"。[①] 刘成等提出，"竞技体育核心竞争力是指长期的运动训练、组织结构、文化建设、人才培养、科研、管理及竞赛的过程中所形成的，自身独有的超越竞争对手，有助于推动竞技体育项目可持续发展的竞争能力"。[②] 谢明辉表示，核心竞争力是"在竞技体育发展进程中，形成难以模仿、撼动的能力，以帮助运动队或运动员长期取得优异的竞赛成绩"。[③]

综上所述，笔者根据本书的研究内容及其他学者对竞技体育核心竞争力概念的界定，最终认为：竞技体育核心竞争力代表的是竞技体育作为竞技主体的教练员、运动员和其他人员，通过运用各种方法和手段进行有机的协调和配合，在运动员选材、运动训练、运动竞赛和竞技体育管理这四个竞技体育的有机组成部分中，获得最大竞技效益所具有的独特的、持续的、整体的竞争力。总的来说，其核心竞争力与各项运动项目有着密切的关系，当其运动成绩处于较高水平时，则说明其有着较强的核心竞争力，项目运动成绩在很大程度上也反映了该项目是否已经形成自己的核心竞争力。

三、我国竞技体育核心竞争力的特征

如上文所述，目前尚无法对核心竞争力进行具体定义与解释，故不同学者对其概念有着不同的理解，对其特征也有着不同的描述。普拉哈拉德和加里·哈默尔对核心竞争力的重要性进行明确，并提出了核心竞争力的主要特征，涉及三个方面："其一，企业的竞争对手一般情况下很难模仿核心竞争力；其二，核心竞争力对最终产品为客户带来的可感知价值有积极意义；其三，核心

---

① 吴劲松、邓万金、张雪芹：《中国竞技体育核心竞争力的定义、构成及特征》，载《体育学刊》2012 年第 19 卷第 3 期，第 50 – 54 页。

② 刘成、司虎克：《我国竞技体育优势项目与核心竞争力关系研究》，载《北京体育大学学报》2010 年第 33 卷第 6 期，第 104 – 109 页。

③ 谢明辉：《广东省竞技体育核心竞争力提升的对策》，载《体育学刊》2013 年第 20 卷第 4 期，第 39 – 41 页。

竞争力有助于推动企业深入多个市场。"① 佛尔克耐尔和包万则从独有性、持久性与财富增值性对核心竞争力特征进行描述。② 国内学者代表性观点主要有：学者李品媛表示核心竞争力的特征主要涉及六个方面，分别为持久性、系统性、稀缺性、延展性、知识性及价值性。③ 荆德刚研究表明，核心竞争力所固有的特征主要囊括辐射性、延伸性、独特性、价值性、不可交易性、动态性、难以模仿性、知识性、难以替代性、整体性等。④ 刘成分析指出，竞技体育核心竞争力所赋有的特征主要包含价值优越性、延展性、整合性、动态性、异质性等。⑤ 梁建平等学者分析表明，竞技体育核心竞争力所赋有的特征主要包括延伸性、专用性、独特性以及价值性等。⑥

依据核心竞争力的概念内涵，并将上述已有的理论成果与本书研究内容相结合，本研究认为，价值性、延伸性、异质性、整合性、动态性等是竞技体育核心竞争力的主要特征。

（1）价值性。对于我国竞技体育本身来说，其所具有的核心竞争力，更多的是表现在参赛项目所具有的竞争力，以在大型赛事上取得好成绩为追求，同时运用"奖牌效应"向社会辐射竞技体育的价值，也就是说，促进竞技体育核心竞争力的提升，对提升国家体育事业的价值有着重要的意义，其中涉及：加强国际交流与合作；促进青少年更好地参与体育运动；振奋民族精神，提高国际地位，扩大国家影响；丰富群众文化生活，加快社区体育的建设与发展等。总而言之，我国竞技体育核心竞争力是能够通过一定战略与政策，创造独特的社会价值，更好地推动我国社会发展与民族进步的。

（2）延伸性。作为核心竞争力的衍生概念，竞技体育核心竞争力须具备一定的时间延续性与空间发散性，以保持其源源不断的竞争优势。竞技体育核心竞争力是一种基础性的能力，但不仅仅局限于个别运动项目。具有一定竞争

---

① C. K. Prahalad, Gary Harmel, "The Core Competence of the Corporation", *Harvard Business Review*, Vol. 68, No. 3, 1990, pp. 275 –292.

② 周波：《论体育产业核心竞争力》，湖南师范大学博士学位论文，2013 年。

③ 李品媛：《论企业核心竞争力》，东北财经大学博士学位论文，2002。

④ 荆德刚：《企业核心竞争力的经济学分析》，吉林大学博士学位论文，2005 年。

⑤ 刘成：《体育竞争情报及其对我国竞技体育核心竞争力的影响研究》，上海体育学院博士学位论文，2010 年。

⑥ 梁建平、常金栋、董德龙：《竞技体育事业核心竞争力的研究》，载《山东体育学院学报》2006 年第 1 期，第 25 –27 页。

优势的体育项目在其发展过程中不断向外扩张，在新的运动领域产生积极的溢外效应和倍增效应，以形成新的价值链，最终形成新的竞争优势。我国竞技体育核心竞争力的延伸性特征推动了各运动项目在其发展过程中不断迸发新的竞争力量，延续其竞争优势，为竞争主体提供多方面的支撑，从而带动其他项目竞争力的全面提高，以保障竞技体育项目整体发展的延续性与持久性。

（3）异质性。竞技体育核心竞争力是一种无形资产，为各个国家、地区所独自拥有，独特的竞争性质导致其难以被模仿。尽管竞争主体有能力在短时间内模仿或复制某一特定能力，但基于多资源、多领域的竞技体育核心竞争力取决于一个组织系统多要素之间的契合，无法通过对某一个别能力的复制与模仿而替代。因此，竞技体育核心竞争力的构建，需要依据各个国家和地区独有的历史、地理、文化、环境基础等，通过特定的方法与手段进行开发、培育、提升、完善与积淀，最终形成其独有的竞技体育发展路径。

（4）整合性。核心竞争力是通过多项资源、技术、技能、知识的协同整合、调配交融而形成的系统的、强化的、复杂的竞争能力。同样，竞技体育核心竞争力是建立在其运动项目基础之上，结合其特有的竞技体育资源、技术训练要领、科研学识积累等多因素共同开发、相互补充而形成的。单一的某项资源、技术、技能、学识甚至简单的堆砌组合并不能构成一个国家或地区的竞技体育核心竞争力。

（5）动态性。一个国家或地区的竞技体育核心竞争力不是一成不变的，它也有自身的发展周期与辐射范围，并且依据其运动项目的竞争态势、竞争对手的训练发展而不断变化。因此，一旦在某运动项目的发展过程中形成核心竞争力，并不能从此高枕无忧，而要根据其竞争态势的变化以及自身的条件基础，长期打造、培育、构建、提升和创新，以延长核心竞争力的发展周期，拓展其辐射范围，更好地服务于竞技体育发展。

四、我国竞技体育核心竞争力的基本功能

功能这一概念最早源于自然科学与工程技术领域，一经提出，便迅速向其他学科辐射渗透。将功能这一概念与我国竞技体育核心竞争力相结合，可以得出核心竞争力对我国竞技体育的发展起到什么作用的实际价值，这就是竞技体育核心竞争力的基本功能。我国竞技体育核心竞争力的基本功能归纳为以下四个方面。

1. 提升我国竞技体育的竞争位势

"位势"一词最早源于物理学领域，在 1880 年首次被应用于社会科学领域，随后逐渐成为众多学者的研究热点。目前，位势这一概念频繁运用于企业经济管理领域，用于描述企业在其所属行业中的综合实力。[①] 蔡西阳提出，"企业位势代表的是企业家在通过自身的精神，来对相关的资源进行集聚和积累，并开展企业文化的塑造、企业制度的制定、企业组织构架的构建，以达到提升资源整合能力、扩大企业发展规模的目标，持续提升企业在市场中的地位，从而在所处的行业中得到认可的一种综合实力"。[②] 唐卫东等则重点对竞争优势和位势优势间的关系展开了剖析，并指出企业机构等组织需要持续地对自身和竞争对手的位势差异进行研究，然后根据高位势的竞争元素建立其竞争优势，以实现其长期且稳定的发展。[③]

综上所述，将位势理论与我国竞技体育相结合，所谓我国竞技体育位势，即指我国竞技体育在国际竞争中所处的地位及其对应的影响力，是我国竞技体育的竞赛成绩、发展进程、科研水平、社会影响等方面的综合体现。提升我国竞技体育位势，对于我国竞技体育竞争优势的形成、竞赛成绩的提升以及持续发展具有至关重要的战略意义。

在我国竞技体育核心竞争力不断提升的过程中，战略活动、优势项目日益显现，形成了相应的竞争优势。在各运动项目的人才选拔、训练培养、参赛等实践工作中，应当依据我国的地域、历史、环境、文化等现实特征，准确定位，扬长避短，建立运动培训的科研扶持、资源整合、人力配置等环节竞争优势，提升我国竞技体育位势；并通过我国竞技体育与竞争对手的位势差异建立我国的竞争优势，力争在世界大型赛事中取得优异的竞赛成绩，进一步向社会辐射其影响；同时调动我国群众参与体育的积极性，以实现我国竞技体育的持续快速发展。

2. 整合我国竞技体育的战略资源

我国竞技体育发展，对推动社会经济的繁荣发展至关重要，有助于维护我

---

① 连建军：《"嵌入竞争"：全球价值链位势理论及其实证研究》，苏州大学博士学位论文，2013 年。
② 蔡西阳：《企业位势理论及应用研究》，北京交通大学博士学位论文，2009 年。
③ 唐卫东、陈海龙：《位势差异与竞争优势》，载《科学学与科学技术管理》2006 年第 5 期，第 105 – 108 页。

国民族团结，提高群众参与体育的积极性，但在此发展进程中，也面临着各种难题。[1] 因此，我国在发展竞技体育的同时，也应该解决其中存在的资源配置效益较低的问题。竞技体育发展与很多资源都具有非常紧密的联系，包括政策资源、科研学术资源、财力资源、场馆设备资源、人力资源等，在参考系统论原理的前提下，竞技体育战略资源并非以上几个资源的单一整合，而是通过相应整合手段使其相互配合与协调，以达到整体最优。具体来说，现阶段我国竞技体育核心竞争力对体育资源整合包括资源融合和资源平衡两种方式。

（1）资源融合。在发展阶段，我国竞技体育需要实现各局部资源的融合，以取得最佳的整体效果。这些资源包括人力、资金、场馆、设施、政策、信息、文化、制度以及科研等，它们独立存在且相互联系，但其自然状态的叠加并不能充分发挥其整体功能，因此要构建竞技体育核心竞争力，对竞技体育的发展目标进行明确，激活相关的资源，以更好地满足多层面的整合融合资源，使得资源的合力得以充分施展。[2]

（2）资源平衡。我国竞技体育发展可依赖的资源类型多、跨度大，既要通过资源整合，为我国竞技体育带来竞争优势，同时还需要对各局部资源进行平衡，以避免资源浪费。以运动员为例，若没有落实运动员的选拔与培养的各项实际工作，即存在相对拙劣的运动员人力资源，那么配备再优质的教练资源、设施资源、科研扶持，也是对竞技体育资源的消耗和浪费。我国竞技体育核心竞争力具备统筹和平衡各局部资源的能力，要求各项资源处于平衡状态，以减少资源浪费并最大限度地发挥其整体功能。

因此，应当依据我国竞争优势，对各运动项目发展目标进行划分，并适度控制各运动项目发展规模，避免资源浪费，提升效益，降低成本，纠正以往的经验主义，构建经验与科学相结合的发展理念，基于已有资源大力推动科研工作，提高人力资源素质、训练管理科学化水平，以提升我国竞技体育的竞争实力。[3]

3. 形成我国竞技体育的发展特色

我国所具备的历史文化底蕴、地理位置环境、国民经济发展、社会治安稳

---

[1] 钟明宝、张春燕、史丹等：《基于竞争优势理论的我国竞技体育发展战略问题探析》，载《北京体育大学学报》2006年第39卷第9期，第1-11页。

[2] 张卫良：《大学核心竞争力理论与实践研究》，中南大学博士学位论文，2005年。

[3] 辜德宏、吴贻刚：《竞技体育发展方式基本理论问题探析》，载《北京体育大学学报》2014年第37卷第10期，第7-12页。

定、科研创新进步、群众体育建设等，都对我国竞技体育发展特色的形成产生了至关重要的影响。然而，并不是所有竞技体育相关事物都能构成我国竞技体育发展特色，其构成因子需要具备价值性、异质性、延伸性等特性，这一点与我国竞技体育核心竞争力的特性高度契合。因此，我国竞技体育的发展特色与其核心竞争力具有同一性特征，拥有相同的特点与发展路径。

我国竞技体育核心竞争力的培育与发展过程也是其竞技特色的形成过程，各个国家和地区的竞技体育核心竞争力差异是其竞技特色差异的根本原因，两者都需要一定的发展积淀，并通过其运动员训练制度、后备人才选拔、赛事开展、科研扶持等方式作用于其竞争力的提升过程，最终通过世界大赛的比赛结果呈现出来。

我国竞技体育的飞速发展与卓越成绩，与我国的地理、人口等资源有着密切的联系，我国在丰沃的物质条件基础上实行由国家投资、控制及发展竞技体育的体系，从而形成了围绕"竞技体育的发展而生成的一种鲜明特色的体育制度"[1]。现阶段是我国从体育大国转变为体育强国的关键时期[2]，因此需要进一步明晰并巩固我国竞技体育核心竞争力，为我国竞技特色的形成奠定基础并指明方向。实现举国体制和市场机制的全面、深入融合，不但需要将举国体制的作用及价值呈现出来，而且应在市场经济下客观地对体育规律做出判断，形成崭新的中国特色制度[3]，发挥其独有的制度优势，巩固我国竞技体育的竞争优势，形成我国独有的竞技体育特色，实现其保持我国竞技体育长期竞争优势的功能。

4. 适应世界竞技体育的格局变动

竞技体育的发展不是一成不变的，其竞争格局的变化、相应规则的更迭、训练方式的创新、场地器材的建设等相关因素，都对竞技体育的发展产生较大的影响。[4] 综观近几届夏季奥运会奖牌成绩，不难发现许多参赛代表团在其传

---

① 孙科、杜成革：《中国竞技体育的发展模式及其变革走向》，载《体育学刊》2012 年第 19 卷第 1 期，第 20 – 24 页。

② 徐本力：《体育强国、竞技体育强国、大众体育强国内涵的诠释与评析》，载《天津体育学院学报》2009 年第 24 卷第 2 期，第 94 – 98 页。

③ 钟秉枢：《新时代竞技体育发展与中国强》，载《上海体育学院学报》2018 年第 42 卷第 1 期，第 12 – 19 页。

④ 杨改生、周珂、史友宽等：《现代竞技体育项目优势转移现象研究》，载《体育科学》2009 年第 29 卷第 9 期，第 24 – 35 页。

统优势项目上受到严峻的挑战，其竞争优势正逐渐瓦解消散，已不再具备垄断性的竞争力。[①] 最明显的改变是欧洲、北美国家对奥运会奖牌的垄断能力大幅度下降。[②] 随着社会发展，国际社会环境已逐渐适宜人类全面发展，政治、经济、文化等因素对世界竞技体育的发展影响力逐渐降低，各个国家及地区之间的竞技体育竞争必将越来越激烈。[③] 世界竞技体育格局正向区域均衡化与竞争激烈化等方面转变，这为我国竞技体育提供了一定的发展机遇，同时也面临着众多挑战。

我国竞技体育在发展进程中，需要及时判断全球竞技体育的格局及发展趋势，在此背景下科学合理地对竞技体育的水平、结构进行调整和优化，完善战略部署，落实人才选拔培养与训练等工作，挖掘非优势项目，推动潜优势项目，巩固传统项目，争取持续的竞争优势，保持并进一步提高各个运动项目的参赛竞争能力，适应国际竞技体育格局的变动，以推动我国竞技体育全速发展。

第二节　我国竞技体育核心竞争力的构成要素

一、已有理论与研究的启示

与企业、公司等组织所具备的核心竞争力一样，竞技体育核心竞争力是由多种要素构成的复杂系统。[④] 各要素之间大多互相关联，具有一定的抽象模糊性、包容性与多元复杂性。[⑤] 故对竞技体育核心竞争力构成要素的判断、识别、梳理与归纳，有助于推动其充分发挥效益，为我国竞技体育提供持久且稳定的竞争优势。

目前，相关专家学者针对核心竞争力构成要素方面的探究，更多地集中在

① 苗治文、田方园：《世界竞技体育格局的新变化与中国竞技体育战略选择研究》，载《南京体育学院学报（社会科学版）》2013 年第 27 卷第 3 期，第 101－107 页。

② 陈丹：《竞技体育实力国际区域格局演变的致因研究》，载《北京体育大学学报》2012 年第 35 卷第 7 期，第 118－124 页。

③ 史友宽、杨改生：《历届奥运会金牌分布与我国竞技体育发展的战略抉择》，载《北京体育大学学报》2009 年第 32 卷第 12 期，第 115－118 页。

④ 张立波、陈少峰：《文化企业核心竞争力的构成要素分析》，载《新疆师范大学学报（哲学社会科学版）》2013 年第 34 卷第 1 期，第 14－19 页。

⑤ Michael E. Porter, *Competitive Advantage*, New York: the Free Press, 1985, p. 23; C. K. Prahalad, "The Role of Core Competencies in the Corporation", *Research-Technology Management*, Vol. 36, No. 6, 2016, pp. 40－47.

企业及学校等领域，对相应构成要素的识别研究成果已得到广泛认可。胡宜挺、李万明通过对企业核心竞争力的探究和分析，将其构成要素归纳为能力、资源和知识，通过 RCS 三角形理论描述不同阶段企业的优势要素特点，与此同时，借助三轮驱动模型说明和阐述三者之间的关系，基于此制定企业核心竞争力机制。[①] 胡建波、王东平对企业核心竞争力进行了深入的研讨，并将其构成要素总结为以下四点：技术创新能力、企业文化、人力资源管理及开发、品牌。[②] 张立波、陈少峰则基于文化产业的内在特性及规律，将其构成要素归纳为支撑要素、动力要素及定向要素。[③] 徐建中、陆军和荆玲玲学者借助价值链的思想，对企业核心竞争力进行探索，并将其构成要素总结为境要素、能力要素及资源要素。[④] 随着相应研究成果的积累，一些学者对企业核心竞争力的构成有了更为深入的理解，并将其与竞技体育进行整合探讨，对其构成要素进行总结分析。刘寒青、刘成和司虎克主要从我国优势项目核心竞争力方面加以探索，其中，羽毛球、体操以及举重等优势项目颇具代表性，3 位学者指出其核心竞争力构成要素由 4 个一级指标和 8 个二级指标组成。[⑤] 梁建平、常金栋和董德龙通过对竞技体育核心竞争力进行分析，将其构成要素总结为三个方面，包括广泛竞技基础、先进竞技科研和一流竞技主体。[⑥]

　　上述研究成果对本研究的启示可总结为以下三点：其一，上述研究成果多次提及资源、环境、文化、能力四个分支在核心竞争力中的价值与地位，其中，资源要素是其余要素发挥其效能的物质载体与实践前提，环境要素是帮助竞技体育形成核心竞争力的重要依托，文化、能力要素是持续获得竞争优势的根本。因此，在构建我国竞技体育核心竞争力的过程中，须注重上述四个方面

　　① 胡宜挺、李万明：《企业核心竞争力构成要素及作用机理》，载《技术经济与管理研究》2005 年第 2 期，第 20 – 22 页。

　　② 胡建波、王东平：《企业核心竞争力的关键构成要素及分析》，载《华东经济管理》2006 年第 7 期，第 103 – 106 页。

　　③ 张立波、陈少峰：《文化企业核心竞争力的构成要素分析》，载《新疆师范大学学报（哲学社会科学版）》2013 年第 34 卷第 1 期，第 14 – 19 页。

　　④ 徐建中、陆军、荆玲玲：《企业核心竞争力构成要素作用关系的系统分析》，载《现代管理科学》2009 年第 3 期，第 70 – 72 页。

　　⑤ 刘寒青、刘成、司虎克：《我国竞技体育部分优势项目核心竞争力的构成要素分析》，载《天津体育学院学报》2011 年第 26 卷第 5 期，第 453 – 456 页。

　　⑥ 梁建平、常金栋、董德龙：《竞技体育事业核心竞争力的研究》，载《山东体育学院学报》2006 年第 1 期，第 25 – 27 页。

对我国竞技体育发展的影响；其二，核心竞争力的构成要素是一种客观的、具体的存在。因此，在识别我国竞技体育核心竞争力构成要素的过程中，必须明确这一逻辑前提，即先辨别明晰具体存在的各子要素，再根据各要素性质特征对其分类归纳，构建各要素集合；其三，基于系统论理论，核心竞争力的各构成要素既是独立存在的，又是相互协同、相互作用的，各要素的简单叠加并不能构成核心竞争力。因此，在对我国竞技体育核心竞争力构成要素进行识别与归纳时，须具体分析各要素的联系，以明晰具体路径，推动各要素的有机结合，最大限度地发挥各要素的系统功能，依托竞技体育核心竞争力，为我国竞技体育培育长期且稳定的竞争优势。

二、我国竞技体育核心竞争力的构成要素体系构建

首先，笔者借鉴核心竞争力构成要素定量研究的通行方法，遵照指标体系构建的重要性、相关性、全面性、可操作性等设计原则，通过核心竞争力概念与我国竞技体育发展特点的有机结合，初步拟定并筛选我国竞技体育核心竞争力构成要素指标，共计 27 项，如表 4 - 1 所示。

表 4 - 1　我国竞技体育核心竞争力构成要素初选指标

序号	指标	序号	指标	序号	指标
C_1'	竞技体育财政支持体系	C_2'	运动器材设施基础	C_3'	社会资源投入力度
C_4'	人力资源基础	C_5'	体育行政管理体制	C_6'	"一条龙"运动训练机制
C_7'	相关保障与推动政策	C_8'	对外开放交流工作	C_9'	后勤及医务保障服务体系
C_{10}'	运动员文化教育体系	C_{11}'	体育战略指导工作	C_{12}'	从业人员行为规范
C_{13}'	高水平运动员队伍建设工作	C_{14}'	高素养教练员队伍建设工作	C_{15}'	高权威裁判员队伍建设工作
C_{16}'	高质量后备人才队伍建设工作	C_{17}'	退役安置保障体系	C_{18}'	科技服务资源配置
C_{19}'	科研成果转化率	C_{20}'	技战术创新能力	C_{21}'	信息采集传递体系
C_{22}'	竞技赛事精神文化	C_{23}'	竞技体育组织文化	C_{24}'	竞技体育制度文化
C_{25}'	媒体宣传工作	C_{26}'	国内体育赛事推广工作	C_{27}'	广大群众体育基础

　　然后，依照表格中列举的各个影响因素，向领域内相关专家展开调查，对各个影响因素的重要性进行初步明确。以学者蒂芬·P. 罗宾斯的研究成果为基础，根据调查实际需求选择对象，邀请领域内各个专家建立评价小组，以问题清单的方式请各位专家为不同影响因素进行评估。本次调查所发放的问卷总数为56份，回收问卷总数为53份，回收率约94.643%。在整理与归纳调查问卷中的内容、数据后，借助主成分分析法，得出各个因素的载荷因子数量及贡献率，如表4-2所示。

表4-2　初选指标主成分分析提取载荷因子数量及贡献率

序号	初始特征值			提取平方和载入			旋转平方和载入		
	合计	方差	累计	合计	方差	累计	合计	方差	累计
C_1'	6.378	23.623	23.623	6.378	23.623	23.623	4.821	17.856	17.856
C_2'	4.242	15.711	39.333	4.242	15.711	39.333	3.997	14.805	32.661
C_3'	4.128	15.288	54.622	4.128	15.288	54.622	3.531	13.077	45.738
C_4'	2.839	10.516	65.137	2.839	10.516	65.137	3.166	11.724	57.462
C_5'	2.024	7.495	72.632	2.024	7.495	72.632	3.134	11.608	69.070
C_6'	1.810	6.705	79.338	1.810	6.705	79.338	2.772	10.268	79.338
C_7'	0.964	3.571	82.909						
C_8'	0.685	2.537	85.446						
C_9'	0.624	2.313	87.759						
C_{10}'	0.501	1.857	89.616						
C_{11}'	0.468	1.734	91.350						
C_{12}'	0.404	1.495	92.845						
C_{13}'	0.345	1.279	94.124						
C_{14}'	0.303	1.121	95.245						
C_{15}'	0.291	1.079	96.324						
C_{16}'	0.202	0.748	97.072						
C_{17}'	0.185	0.686	97.758						
C_{18}'	0.156	0.579	98.336						
C_{19}'	0.142	0.528	98.864						
C_{20}'	0.101	0.372	99.236						

续上表

序号	初始特征值			提取平方和载入			旋转平方和载入		
	合计	方差	累计	合计	方差	累计	合计	方差	累计
C'_{21}	0.066	0.243	99.479						
C'_{22}	0.049	0.181	99.660						
C'_{23}	0.038	0.142	99.802						
C'_{24}	0.023	0.084	99.886						
C'_{25}	0.015	0.057	99.943						
C'_{26}	0.011	0.042	99.984						
C'_{27}	0.004	0.016	100.000						

提取方法：主成分分析。

由表 4 − 2 得出，我国竞技体育核心竞争力构成要素初选指标共存在 6 个公因子，其总方差解释率为 79.338%，丢失的信息较少。下一步，运用 Kaiser 标准化全体旋转法对提取后的因子数量与贡献率进行旋转，以提高问卷结果的可靠性，如表 4 − 3 所示。

表 4 − 3   初选指标旋转后的因子矩阵

序号	成分					
	B_1	B_2	B_3	B_4	B_5	B_6
C'_1	0.770	0.297	− 0.208	0.074	0.122	− 0.061
C'_2	0.679	0.002	− 0.123	0.242	0.023	− 0.148
C'_3	0.593	0.275	0.117	− 0.080	0.581	0.168
C'_4	0.538	0.057	0.259	− 0.386	0.277	0.241
C'_5	0.183	0.907	0.234	0.036	− 0.093	0.037
C'_6	0.204	0.891	0.200	0.096	− 0.018	− 0.033
C'_7	− 0.186	0.698	− 0.073	0.360	0.396	0.253
C'_8	0.275	− 0.174	− 0.439	− 0.224	0.238	0.453
C'_9	0.109	0.635	0.225	− 0.217	− 0.597	0.191
C'_{10}	0.167	0.615	− 0.393	− 0.218	0.389	− 0.188
C'_{11}	− 0.078	0.695	0.363	− 0.532	0.179	0.012
C'_{12}	− 0.715	− 0.060	− 0.181	0.414	0.122	− 0.390

续上表

序号	成分					
	B_1	B_2	B_3	B_4	B_5	B_6
C'_{13}	−0.145	0.287	0.802	−0.110	0.069	0.189
C'_{14}	0.235	−0.153	0.755	−0.270	0.167	−0.230
C'_{15}	0.112	0.200	0.724	0.062	0.175	0.259
C'_{16}	−0.426	0.223	0.690	0.051	0.016	0.134
C'_{17}	0.207	−0.204	0.152	−0.874	0.139	0.246
C'_{18}	0.025	−0.201	−0.292	0.835	0.302	0.037
C'_{19}	0.259	0.035	0.291	0.830	0.197	0.050
C'_{20}	−0.016	−0.014	−0.072	0.811	−0.029	−0.474
C'_{21}	−0.136	−0.090	−0.038	0.692	−0.021	−0.524
C'_{22}	−0.041	0.135	0.152	0.080	0.788	0.029
C'_{23}	0.126	−0.027	0.168	0.085	0.786	0.030
C'_{24}	0.386	−0.071	−0.100	−0.524	0.607	0.028
C'_{25}	−0.195	−0.120	0.413	−0.244	0.097	0.720
C'_{26}	−0.046	0.222	0.100	−0.071	−0.142	0.706
C'_{27}	0.298	−0.233	−0.271	0.363	0.329	0.638

提取方法：主成分分析。

旋转法：具有 Kaiser 标准化的全体旋转法。

旋转在 7 次迭代后收敛。

由表 4 - 3 所得，因素 C'_8、C'_{12}、C'_{17} 因子载荷值均低于 0.500，由此可以判断上述三项因素的敏感性较低，因此将此三项因素删除，余下影响因素的数量为 24 个；将余下的全部影响因素以贡献率数据为基础进行划分，并依据不同影响因素的特点，得出 6 个因素集合，分别为：B_1 资源整合 = ﹛C'_1、C'_2、C'_3、C'_4﹜；B_2 管理机制 = ﹛C'_5、C'_6、C'_7、C'_9、C'_{10}、C'_{11}﹜；B_3 培养工作 = ﹛C'_{13}、C'_{14}、C'_{15}、C'_{16}﹜；B_4 科研扶持 = ﹛C'_{18}、C'_{19}、C'_{20}、C'_{21}﹜；B_5 文化氛围 = ﹛C'_{22}、C'_{23}、C'_{24}﹜；B_6 群众基础 = ﹛C'_{25}、C'_{26}、C'_{27}﹜。上述 6 个集合中，B_1 与 B_2 集合都是国内竞技体育核心竞争力的基础工作内容，因此将上述两个集合进行二次分类，划定为 A_1 基础层；集合 B_3 与 B_4 都是国内竞技体育核心竞争力的建设支撑领域内容，因此将其进行二次分类，划定为 A_2 支撑层；集合 B_5 与 B_6 都是国内竞技体育核心竞争力的环境领域内容，因此将其进行二次分类，划定为 A_3 环境层，最后综合上文得出的分类结果，将各个影响因素进行排序与整理，如表 4-4 所示。

表 4-4　我国竞技体育核心竞争力构成要素

	一级指标要素	二级指标要素	三级指标要素
要素指标内容	A_1 基础层	B_1 资源整合	C_1 竞技体育财政支持体系
			C_2 运动器材设施基础
			C_3 人力资源基础
			C_4 社会资源投入力度
		B_2 管理机制	C_5 体育行政管理体制
			C_6 "一条龙"运动训练机制
			C_7 相关保障与推动政策
			C_8 后勤及医务保障服务体系
			C_9 运动员文化教育体系
			C_{10} 体育战略指导工作
	A_2 支撑层	B_3 培养工作	C_{11} 高水平运动员队伍建设工作
			C_{12} 高素养教练员队伍建设工作
			C_{13} 高权威裁判员队伍建设工作
			C_{14} 高质量后备人才队伍建设工作
		B_4 科研扶持	C_{15} 科技服务资源配置
			C_{16} 科研成果转化率
			C_{17} 技战术创新能力
			C_{18} 信息采集传递体系
	A_3 环境层	B_5 文化氛围	C_{19} 竞技赛事精神文化
			C_{20} 竞技体育组织文化
			C_{21} 竞技体育制度文化
		B_6 群众基础	C_{22} 体育协会支持力度
			C_{23} 体育赛事推广工作
			C_{24} 广大群众体育基础

三、我国竞技体育核心竞争力构成要素的相互关系

根据表4-4，我国竞技体育核心竞争力构成要素可划分为基础层、支撑层与环境层三个集合，其中，基础层要素是我国竞技体育核心竞争力建设的根基，同时也是支撑层要素与环境层要素发展的保障；支撑层作为我国竞技体育核心竞争力提升的动力源，其要素的发展需要基础层要素的建设来支持，同时又推动基础层、环境层要素的进一步优化；环境层则是在基础层、支撑层要素的运行过程中逐渐形成和加强的，并反作用于基础层与支撑层，带动其要素的持续发展与优化，促进我国竞技体育核心竞争力的提高。我国竞技体育核心竞争力的三轮驱动模型具体如图4-1所示。

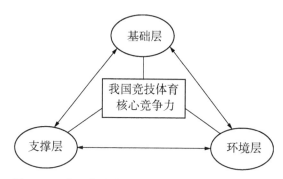

图4-1　我国竞技体育核心竞争力的三轮驱动模型

综上所述，基础层要素、支撑层要素与环境层要素之间是相互作用与依存的关系，在催化循环的作用下实现竞技体育核心竞争力的不断提高。

第三节　我国竞技体育核心竞争力的形成机制

一、已有理论与研究的启示

随着我国社会经济基础的持续发展，居民消费结构的不断升级，广大群众对体育的需求也愈加强烈，奥运会等大型赛事蕴藏的社会、政治、文化等功能被进一步挖掘，竞技体育则成为展现各国综合国力的重要窗口。为巩固我国竞技体育竞争优势，提升竞赛成绩，竞技体育核心竞争力的形成机制问题逐渐成为竞技体育研究的热点。

目前，我国竞技体育核心竞争力的相关研究主要从管理体制、资源整合、科研服务等环节出发，从我国竞技体育发展现状出发，通过参考体育强国的竞技体育发展先进经验，建设相应的核心竞争力形成机制。学者邓万金基于模糊数学思想，对我国竞技体育核心竞争力动态链的内、外部因素等级结构进行定量处理，构建我国竞技体育核心竞争力动态链管理体系，并提出通过创新管理机制、人才梯队建设培养机制、双元动态管理机制、支撑保障管理机制与可持续发展培育机制等机制的建立，进一步提升我国竞技体育核心竞争力。① 魏玉琴、焦芳钱和谭红春学者基于我国本土举办的奥运会、亚运会赛事及我国的全运会赛事所呈现的基本情况，提出宏观性意见，指出：我国竞技体育发展，一要探索体能性训练的方法，扭转我国体能项目的不利局势，从而缩短与其他体育强国之间的距离；二要协调好竞技体育管理机制与体制之间的关系，使竞技体育发展更为顺畅，这对实现竞技体育的长久稳定发展至关重要；三要对女子项目的引领作用给予更大的关注，促使三大球项目可以迈向新的征程，实现战略性的发展目标。② 杨利勇则主要从道德建设层面进行深入探究，并对竞技体育核心竞争力方面的内容予以全面分析，其研究表明，如果出现了道德缺失的现象，那么不但会对核心竞争力提升带来较大影响，还会给竞技体育发展造成严重制约和限制。因此，加大对道德建设的力度，成为核心竞争力提升的关键，其中，应该始终坚持以人为本的思想，加强对人文的关怀；构建健全可行的利益整合机制，对各方利益加以规范，使竞技体育发展趋向正确，将道德转为竞争力，使竞技体育竞争力得到有效提升；构建完善的管理机制，以保证竞技体育发展的公正、公平。③ 除上述研究成果外，还有学者将区域竞技体育发展作为研究主题，提出了相应竞技体育核心竞争力的提升机制策略。祁明德、许晓音通过分析指出，区域竞技体育发展进程中所表现的核心竞争力，更多的是以特定区域为基础，根据区域环境条件进行权衡，通过地区的竞技比赛能力、创新技术等方面，彰显出区域竞技体育的竞争力优势，优势转为动力，会

① 邓万金：《我国竞技体育核心竞争力动态链管理体系研究》，载《北京体育大学学报》2018 年第 41 卷第 2 期，第 101 - 108 页。

② 魏玉琴、焦芳钱、谭红春：《我国竞技体育发展的战略性研究》，载《西安体育学院学报》2016 年第 33 卷第 3 期，第 306 - 310 页。

③ 杨利勇：《基于道德建设视角的我国竞技体育竞争力提升研究》，载《吉林体育学院学报》2017 年第 33 卷第 4 期，第 1 - 5 页。

提高竞技项目的国际竞赛优势。他们还提出，应通过有效整合各方力量、创新竞技体育管理体制、加强科研和技术攻关力度、重视优秀人才引进、重视参加各类竞赛、积极争办各种赛事与加强竞技体育法制建设等措施机制，提升广东省竞技体育核心竞争力。① 谢明辉的研究表明，广东省竞技体育优势项目发展，对其核心竞争力产生影响的因素主要包括运动员选材，运动员、科研、竞技体育管理，教练员，项目布局，经费投入，对以上几种因素加以改进，囊括构建"训科医"一体化机制、培养优秀教练员、探索模式化训练规律、优化项目结构等。② 罗敬科从训练管理层与教练员方面提出湖南省竞技体育核心竞争力的提升机制与策略，包括整合重点项目、积极培育优势项目、实施体教融合方式、提高教练员教学能力、落实举国体制战略目标、发展体能主导类项群等。③ 王万果以辽宁省竞技体育发展为研究背景，针对竞技体育核心竞争力进行深入研究，其中，将核心竞争力分为两个方面，分别为硬核心竞争力和软核心竞争力，两者互为依存、相互促进，并从中指出可以从多个方面提升硬实力，包括训练方式、体育资源优化配置、运动项目布局等；而软实力提升，则需要从竞技体育文化建设、管理体制创新、体育品牌塑造、竞技体育价值认同以及培养方式改革方面进行考虑，通过软实力与硬实力的配合，促使辽宁竞争体育核心竞争力得到很好的提升。④

　　上述研究成果对本研究的启示可总结为以下两点：其一，竞技体育核心竞争力是一个复杂能动的系统，任何单一系统的提升机制建立与效能提升均是片面的，无法推动整体的竞技体育核心竞争力提升，其竞争力的提升须依靠管理、资源、科研、训练等各个子系统的机制建立而实现；其二，不同区域的竞技体育发展进度不一致，其发展特点也存在一定差异，导致各区域竞技体育核心竞争力的具体提升机制与措施互不相同。在协调我国竞技体育发展，建立其核心竞争力提升机制时，不能一味地照搬西方体育强国的发展经验，需要取其

---

① 祁明德、许晓音：《区域竞技体育核心竞争力培育研究》，载《广州体育学院学报》2012 年第 32 卷第 2 期，第 9 – 13 页。

② 谢明辉：《广东省竞技体育核心竞争力提升的对策》，载《体育学刊》2013 年第 20 卷第 4 期，第 39 – 41 页。

③ 罗敬科：《湖南省竞技体育优势项目提升策略研究》，湖南师范大学硕士学位论文，2014 年。

④ 王万果：《辽宁省竞技体育综合竞争力提升路径的研究》，辽宁师范大学硕士学位论文，2010 年。

精髓、去其糟粕，切合我国竞技体育的发展特点，建立符合我国发展特色的提升机制，实现我国竞技体育核心竞争力的稳步提升，为我国竞技体育可持续发展奠定坚实的基础。

二、GEM 模型概述、建立与量化分析

1. 借鉴理论概述

（1）GEM 模型概述。GEM 模型由蒂姆·帕德莫尔（Tim Padmore）与哈维·吉布森（Harvey Gibson）提出，两人在对波特的国家竞争力钻石模型的研究基础上进行了改进，构建了基于区域范围的分析产业集群竞争力的模型，即 GEM 模型。GEM 是 groundings（基础）、enterprises（企业）和 markets（市场）三个音词的首字母，GEM 分析由通过三组因素中的六项要素对企业集群竞争力的影响进行衡量与评估，分别为：由"资源"与"设施"构成的基础层面竞争力（Groundings，G），由"供应商和相关辅助行业"与"企业结构、战略和竞争"构成的企业层面竞争力（Enterprises，E），由"外部市场"与"本地市场"构成的市场层面竞争力（Markets，M）。GEM 模型结构具体如图 4-2 所示。[①]

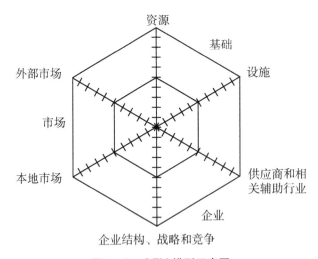

图 4-2 GEM 模型示意图

---

① Tim Padmore, Harvey Gibson, "Modeling System of Innovation: a Framework for Industrial Cluster Analysis in Regions," *Research Policy*, Vol. 26, No. 6, 1998, pp. 625 – 641.

（2）层次分析法概述。层次分析法由萨蒂教授于 20 世纪 70 年代提出，其特点是将定性与定量相结合。该方法基于先分解后综合的系统思想，对复杂的问题采用层次模型表达出来，将决策者的主观判断选择与客观的数学方法相结合，通过两两指标对比的方式，来对各个指标的系数进行计算与排列，进而得到一定的结果。总的来说，由于层次分析法拥有定性定量相结合、简单灵活的优点，其被广泛运用于企业管理、设计规划、学术评估等实践工作中。其具体操作思路为：首先，将具体问题进行层次化处理，进而得到不同类型的因素，根据隶属关系、相互关系来对其进行组合，进而得到多层次分析结构模型；其次，对各个层次因素的判断标度进行明确，对相关专家意见进行整理，并构造两两判断矩阵，然后求解、一致性检验，进而得到特征向量；最后，得到相对重要程度的权值，形成最佳方案。典型的层次分析模型如图 4 - 3 所示。[①]

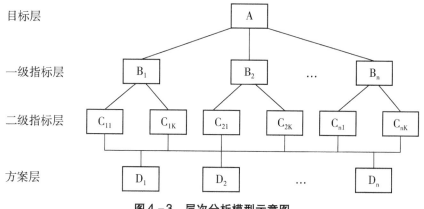

图 4 -3　层次分析模型示意图

2. GEM 模型的引用与构建

我国竞技体育核心竞争力构成要素可依据其特征划分为资源整合、管理机制、培养工作、科研扶持、文化氛围与群众基础六项要素集合，并由该六项要素集合构成基础、支撑与环境三个要素层次，分别为：由资源整合与管理体制构成基础层面竞争力，由培养工作与科研扶持构成支撑层面竞争力，由文化氛

---

① 葛宝山、姚梅芳：《高技术产业化风险评价的 AHP 法》，载《系统工程理论与实践》1999 年第 9 期，第 116 - 119 页。

围与群众基础构成环境层面竞争力。该要素结构与 GEM 模型 "三组因素对六项要素"的评价架构体现出较高的一致性，笔者经与相关领域专家探讨，决定借鉴 GEM 模型评价架构，并对其评价维度进行适当调整，将我国竞技体育核心竞争力构成要素的三个要素层次与六项要素集合依次代入 GEM 模型，构建我国竞技体育核心竞争力 GEM 模型，如图 4 - 4 所示。

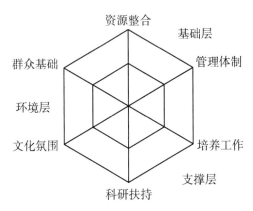

图 4 - 4　我国竞技体育核心竞争力 GEM 模型示意图

3. GEM 模型的量化与分析

根据我国竞技体育核心竞争力 GEM 模型，将我国竞技体育核心竞争力构成要素架构转化为 GEM 模型评价指标体系。基于 GEM 模型评价指标架构，依次将三个要素层次作为一级评价指标，将六项要素集合作为二级评价指标，并将 24 个构成要素作为三级评价指标，依次对其进行权重分析与评分，以实现我国竞技体育核心竞争力 GEM 模型的量化分析，如图 4 - 5 所示。

由于本研究所涉及的指标数量相对较多，在问卷调查的过程中，假如采用两两比较层次分析法，那么会将问卷复杂化且填写问卷时易给专家造成困扰，故本研究在进行问卷调查时仅要求专家对各要素指标进行评分，然后笔者再将其转换为判断矩阵。首先，将各要素指标按照最重要、很重要、较重要、稍重要、不重要与其相应中间值划分重要程度，分别设定 1～9 分，如表 4 - 5 所示。

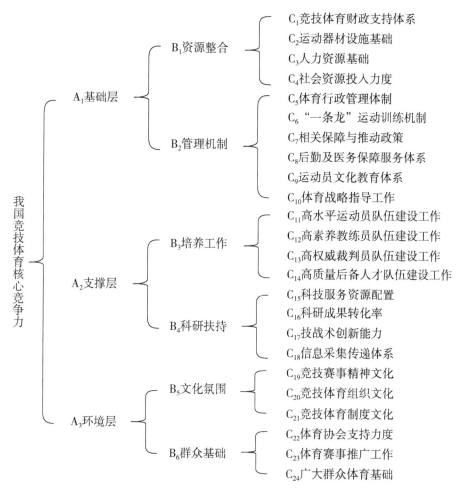

图4−5 我国竞技体育核心竞争力 GEM 模型评价指标

表4−5 问卷调查各要素重要程度及相应分值

分数	9	8	7	6	5	4	3	2	1
重要程度	最重要	相邻值	很重要	相邻值	较重要	相邻值	稍重要	相邻值	不重要

然后，将专家问卷调查结果按照下列公式转化为指标得分 a_{ij}，并构建判断矩阵：

$$a_{ij} = \begin{cases} a_i - a_j + 1 & \text{if} \quad a_i - a_j \geq 0 \\ \dfrac{1}{a_j - a_i + 1} & \text{if} \quad a_i - a_j < 0 \end{cases}$$

最后，运用 MATLAB 对判断矩阵进行一致性检验与权重计算。基于专家问卷调查反馈情况，对评价小组进行第二阶段问卷调查。

第一部分"B_1 资源整合"的四项要素指标的原始得分分别为：8.41509、7.943400、8.30189、7.88679。其判断矩阵为：

	C_1	C_2	C_3	C_4
C_1	1	1.471698	1.113208	1.528302
C_2	0.679487	1	0.736111	1.056604
C_3	0.898305	1.358491	1	1.415094
C_4	0.654321	0.946429	0.773929	1

$\lambda_{max} = 4.0001$，$CI = 0$，$RI = 0.8900$，$CR = 0$；

权重 $=$（0.3091，0.2095，0.2816，0.1998）。

第二部分"B_2 管理机制"的六项要素指标的原始得分分别为：8.73585、8.15094、7.03774、7.60377、8.11321、8.26415。其判断矩阵为：

	C_5	C_6	C_7	C_8	C_9	C_{10}
C_5	1	1.584906	2.698113	2.132075	1.622642	1.471698
C_6	0.630952	1	2.113208	1.54717	1.037736	0.898305
C_7	0.370629	0.473214	1	0.638554	0.481818	0.449153
C_8	0.469027	0.646341	1.566038	1	0.6625	0.602273
C_9	0.616279	0.963636	2.075472	1.509434	1	0.868852
C_{10}	0.679487	1.113208	2.226415	1.660377	1.150943	1

$\lambda_{max} = 4.0001$，$CI = 0.0017$，$RI = 1.2600$，$CR = 0.0014$；

权重 $=$（0.2621，0.1746，0.0845，0.1189，0.1697，0.1902）。

第三部分"B_3 培养工作"的四项要素指标的原始得分分别为：8.62264、8.45283、7.75471、8.15094。其判断矩阵为：

	C_{11}	C_{12}	C_{13}	C_{14}
C_{11}	1	1.169811	1.867925	1.471698
C_{12}	0.854839	1	1.698113	1.301887
C_{13}	0.535354	0.588889	1	0.716216

续上表

	C_{11}	C_{12}	C_{13}	C_{14}
C_{14}	0.679487	0.768116	1.396226	1

$\lambda_{\max} = 4.0012$，$CI = 0.0004$，$RI = 0.8900$，$CR = 0.0004$；

权重 = （0.3246，0.2842，0.1672，0.2240）。

第四部分"B_4 科研扶持"的四项要素指标的原始得分分别为：8.35849、8.28302、7.88679、7.56604。其判断矩阵为：

	C_{15}	C_{16}	C_{17}	C_{18}
C_{15}	1	1.075472	1.471698	1.792453
C_{16}	0.929825	1	1.396226	1.716981
C_{17}	0.679487	0.716216	1	1.320755
C_{18}	0.557895	0.582418	0.757143	1

$\lambda_{\max} = 4.0008$，$CI = 0.0003$，$RI = 0.8900$，$CR = 0.0003$；

权重 = （0.3150，0.2966，0.2174，0.1710）。

第五部分"B_5 文化氛围"的三项要素指标的原始得分分别为：7.88679、7.98113、8.11321。其判断矩阵为：

	C_{19}	C_{20}	C_{21}
C_{19}	1	0.913793	0.815385
C_{20}	1.09434	1	0.883333
C_{21}	1.226415	1.132075	1

$\lambda_{\max} = 0.3000$，$CI = 0$，$RI = 0.5200$，$CR = 0$；

权重 = （0.3011，0.3284，0.3705）。

第六部分"B_6 群众基础"的三项要素指标的原始得分分别为：7.47170、7.66038、8.22642。其判断矩阵为：

	C_{22}	C_{23}	C_{24}
C_{22}	1	0.84127	0.569892
C_{23}	1.188679	1	0.638554
C_{24}	1.754717	1.566038	1

$\lambda_{\max} = 0.3004$，$CI = 0.0002$，$RI = 0.5200$，$CR = 0.0004$；

权重 = （0.2528，0.2947，0.4525）。

通过对以上六组判断矩阵的计算结果进行研究与分析后,得知其 CR 值均在 0.10 以下,意味着都通过了一致性检验,表明数据合理,其权重计算结果可行。将各要素集合相应指标权重进行汇总,如表 4-6 所示。

表 4-6　我国竞技体育核心竞争力 GEM 模型指标权重

	一级指标	二级指标	三级指标	指标样本均值 W	指标权重 W_i
要素指标内容	A_1 基础层	B_1 资源整合	C_1 竞技体育财政支持体系	8.415094	0.3091
			C_2 运动器材设施基础	7.943396	0.2095
			C_3 人力资源基础	8.301887	0.2816
			C_4 社会资源投入力度	7.886792	0.1998
		B_2 管理机制	C_5 体育行政管理体制	8.735849	0.2621
			C_6 "一条龙"运动训练机制	8.150943	0.1746
			C_7 相关保障与推动政策	7.037736	0.0845
			C_8 后勤及医务保障服务体系	7.603774	0.1189
			C_9 运动员文化教育体系	8.113208	0.1697
			C_{10} 体育战略指导工作	8.264151	0.1902
	A_2 支撑层	B_3 培养工作	C_{11} 高水平运动员队伍建设工作	8.622642	0.3246
			C_{12} 高素养教练员队伍建设工作	8.45283	0.2842
			C_{13} 高权威裁判员队伍建设工作	7.754717	0.1672
			C_{14} 高质量后备人才队伍建设工作	8.150943	0.2240
		B_4 科研扶持	C_{15} 科技服务资源配置	8.358491	0.3150
			C_{16} 科研成果转化率	8.283019	0.2966
			C_{17} 技战术创新能力	7.886792	0.2174
			C_{18} 信息采集传递体系	7.566038	0.1710
	A_3 环境层	B_5 文化氛围	C_{19} 竞技赛事精神文化	7.886792	0.3011
			C_{20} 竞技体育组织文化	7.981132	0.3284
			C_{21} 竞技体育制度文化	8.113208	0.3705
		B_6 群众基础	C_{22} 体育协会支持力度	7.471698	0.2528
			C_{23} 体育赛事推广工作	7.660377	0.2947
			C_{24} 广大群众体育基础	8.226415	0.4525

本研究面向各体育院校、体育产业单位与专业训练队工作人员进行问卷调查，共发放问卷 125 份，回收问卷 122 份，有效问卷 117 份，问卷回收率为 97.6%，问卷有效率为 95.9%。

将问卷调查结果进行汇总，结合模型指标权重，整理数据如表 4-7 所示。

表 4-7　我国竞技体育核心竞争力 GEM 模型评分

	一级指标	二级指标	三级指标	指标权重 W_i	因素得分
要素指标内容	A_1 基础层	B_1 资源整合	C_1 竞技体育财政支持体系	0.3091	7.411742
			C_2 运动器材设施基础	0.2095	
			C_3 人力资源基础	0.2816	
			C_4 社会资源投入力度	0.1998	
		B_2 管理机制	C_5 体育行政管理体制	0.2621	8.10754
			C_6 "一条龙"运动训练机制	0.1746	
			C_7 相关保障与推动政策	0.0845	
			C_8 后勤及医务保障服务体系	0.1189	
			C_9 运动员文化教育体系	0.1697	
			C_{10} 体育战略指导工作	0.1902	
	A_2 支撑层	B_3 培养工作	C_{11} 高水平运动员队伍建设工作	0.3246	8.172983
			C_{12} 高素养教练员队伍建设工作	0.2842	
			C_{13} 高权威裁判员队伍建设工作	0.1672	
			C_{14} 高质量后备人才队伍建设工作	0.2240	
		B_4 科研扶持	C_{15} 科技服务资源配置	0.3150	7.745253
			C_{16} 科研成果转化率	0.2966	
			C_{17} 技战术创新能力	0.2174	
			C_{18} 信息采集传递体系	0.1710	
	A_3 环境层	B_5 文化氛围	C_{19} 竞技赛事精神文化	0.3011	7.345836
			C_{20} 竞技体育组织文化	0.3284	
			C_{21} 竞技体育制度文化	0.3705	
		B_6 群众基础	C_{22} 体育协会支持力度	0.2528	6.84266
			C_{23} 体育赛事推广工作	0.2947	
			C_{24} 广大群众体育基础	0.4525	

将我国竞技体育核心竞争能力各指标评分代入模型，得到我国竞技体育核心竞争力 GEM 模型，如图 4 – 6 所示。

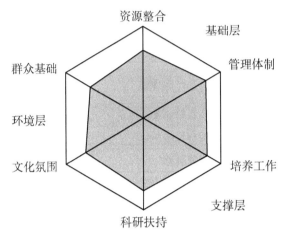

图 4 – 6　我国竞技体育核心竞争力 GEM 模型

从整体评分来看，我国竞技体育核心竞争力整体评分较高，说明我国竞技体育发展水平处于全球领先行列。同时，各因素的评分差距较大，具体表现为环境层评分明显低于其余两组因素的评分，说明我国竞技体育面临一定的不均衡发展问题，故我国竞技体育在未来的发展规划中应注重短板要素的弥补与提升，以实现我国竞技体育核心竞争力的进一步优化。

从各指标评分来看，管理机制与培养工作两项指标评分最高，具有较为突出的竞争力，是我国竞技体育核心竞争力的主要来源；资源整合、科研扶持与文化氛围三项指标评分较高，在亚洲范围内水平数一数二，但在全球范围内还不足以形成竞争优势，须进一步优化其要素、挖掘其潜力，进一步巩固竞争优势；群众基础指标评分较低，属于我国竞技体育核心竞争力短板要素，这是奥运争光计划驱动下大力发展竞技体育过程中不可避免的问题，目前我国正从竞技体育强国向体育强国迈进，竞技体育的进一步提升离不开群众体育这一关键要素的支撑，因此我国须通过发展体育协会、举办体育赛事等手段，推动体育项目的普及，促进群众体育的发展，并借助群众体育为竞技体育的发展提供源源不断的资金物力与后备人才资源，为我国竞技体育的健康发展夯实基础。

根据我国竞技体育核心竞争力要素架构与 GEM 模型评价结果，下面依次从资源整合、管理机制、培养工作、科研扶持、文化氛围与群众基础六个方面对我国竞技体育核心竞争力的形成机制进行探析。

三、基于 GEM 模型分析结果的形成机制探索

1. 建立多渠道筹资机制，拓展社会与市场力量

充足的资金投入是运动员培养、科研服务、竞赛参与等工作的经济基础，在推动竞技体育有序、持续的发展方面处于重要的地位。无论哪一个国家或地区，一旦脱离资金的扶持，就必然会对竞技体育的发展带来非常大的负面影响。通过对我国目前的竞技体育发展状况进行调查与研究可知，国家投入是资金的核心渠道来源，这是我国竞技体育发展初期结合当时国情而形成的历史产物，由国家行使行政权进行统一的资源配置，结合当时的计划经济体制，在一定程度上推动了我国竞技体育的健康起步与飞速发展。但是，随着市场经济的发展、体育体制的改革与思想观念的转变，政府包办体育的方式在一定程度上遏制了社会力量办体育的积极性，无法满足现阶段竞技体育发展的需求①，同时给政府带来了沉重的财政负担。

反观西方体育强国，以近年来竞技体育取得优异成绩的英国为例。在1996 年亚特兰大奥运会上，英国仅获得 1 枚金牌，其竞技体育发展工作跌入谷底。随后，英国政府将体育的发展重点转移至竞技体育，加大资金投入，改善其发展条件，有效地激励竞技体育的快速崛起。② 英国竞技体育资金来源除国家与地方财政拨款外，还包括国家彩票基金、社会赞助、慈善捐款等，其投资主体具有多元化、社会化等特征，且投资目标明确，围绕其有望在奥运会等世界大型赛事上夺得奖牌的运动项目，对具高潜力、高水平运动员及科研、医学工作进行资助。③ 多元且大量的资金投入推动了英国的竞技体育高速发展，结果英国在 2016 年里约奥运会上取得 27 枚金牌，位居金牌榜第二名，在短短

---

① 贾志强：《改革创新背景下我国竞技体育可持续性发展研究》，载《北京体育大学学报》2017年第 40 卷第 2 期，第 1 – 9 页。

② 郑隆霞：《论英国竞技体育快速崛起的动力之源》，载《南京体育学院学报（社会科学版）》2016 年第 30 卷第 6 期，第 27 – 33 页。

③ 金光珠：《英国竞技体育投资与分配机制研究》，载《南京体育学院学报（社会科学版）》2017 年第 31 卷第 1 期，第 70 – 74 页。

20 年内实现竞技体育成绩的大飞跃。英国竞技体育的发展依靠其源源不断的资金投入，其中，社会和市场的积极参与发挥了重要作用，这是值得我们借鉴的地方，即我国竞技体育的发展工作应在国家投入的基础上，对市场、社会的力量进行整合与运用，从多个方面入手来对筹资渠道进行拓宽，不但有助于降低政府财政负担，而且可以推动竞技体育朝着更好的方向发展。

我国的经济建设与社会发展，与西方发达国家仍存在一定差距，因而不能完全照搬其资金投入机制，而要借鉴吸收其先进经验，结合我国国情，在保障一定财政投入的基础上，建立多渠道筹资机制，适当拓宽经费来源渠道①：一方面，积极利用体育市场发展带来的效益，将体育彩票公益金按固定比例用于竞技体育的发展工作②；另一方面，吸收社会赞助与捐款，对赞助的主体给予政策上的鼓励与扶持，给予法律上的保障，激励更多个人或机构参与到竞技体育的发展工作中，为我国竞技体育的发展提供稳定的经费支持。

多渠道筹资机制的建立，需要充分挖掘我国体育市场潜能，发挥我国体育基金会的作用，投入资金推动我国竞技体育发展工作。允许体育基金会在不违反规则、不触犯法律的前提下，开展顾问、理财、投资、担保等业务，同时遵行体育彩票发行制度，拓宽其资金来源，并对资源进行有效配置，发挥其资源整合功能，用于竞技体育建设与发展工作。近年来，我国体育彩票的销售量稳步上升，据国家统计局数据显示，我国体育彩票在 2015 年、2016 年、2017 年的销售额分别为 1663.73 亿元、1881.50 亿元、2096.92 亿元，可清晰地看出每年销售额均保持着 10% 的增长率。③ 与此同时，体育彩票的发行种类也不断丰富，从单一的即开型彩票发展至今天的乐透型、竞猜型、数字型、视频彩票相结合的彩种体系，从侧面反映出我国群众对体育彩票的接受程度逐渐提高。著名体育学者斯特凡·西曼斯基曾说："彩票基金的投入在英国竞技体育的恢复和崛起中发挥了重要作用。"④ 西方体育强国的竞技体育发展历程说明，适

---

① 刘渝、陈筝、邹琳：《英国竞技体育人才体教结合实现机制及启示》，载《体育文化导刊》2017 年第 1 期，第 31 - 35 页。

② 谢荣：《英国竞技体育的崛起探源及其启示》，载《南京体育学院学报（社会科学版）》2017 年第 31 卷第 1 期，第 75 - 78、84 页。

③ 国家统计局：《年度数据》，载 http://www.stats.gov.cn。

④ Nikolai Bohlke and Leigh Robinson, "Benchmarking of Elite Sport Systems," *Management Decision*, Vol. 42, No. 1, 2009, pp. 67 - 84.

当地发行体育彩票，有利于刺激体育消费市场，同时吸引社会资金，以更好地发展体育建设工作。发行彩票的同时，须制定出台相应的严格的法律法规，杜绝赌博、诈骗等违法行为，保障体育彩票市场健康有序地发展。

多渠道筹资机制的建立，需要充分调动社会群众参与体育、承办体育的积极性，扩大我国竞技体育外延。社会进入后工业化时代，体育产业便迎来了发展良机，群众对体育的需求不仅仅局限于日常运动锻炼，而且更愿意购买相关体育用品、观看体育赛事，相应的支出拓宽了体育产业的市场，促进了体育产业的发展。[①] 随着社会发展，群众参与体育的积极性日趋高涨，推动我国竞技体育资源整合方式的转型，从原有的政府包办体育工作过渡到政府部门指导、社会力量参与共同兴办竞技体育的新格局。在转变政府职能的同时，须通过相应政策调动社会力量参与的积极性，根据市场发展规律，循序渐进地将发展前景良好的运动项目承办权转移给社会组织与相关企业，同时继续投入前景不好的运动项目，挖掘其市场潜能，并通过定期评估，调整其扶持力度。同时，政府须整合现有资源，通过合同、产权等形式促进社会企业、科研机构、高等院校、运动训练队的合作，实现经济、市场、教育、体育的有机结合，发挥各主体的优势，形成功能协调、目标一致的体育工作系统，推动我国竞技体育的进一步发展。

综上所述，资源整合作为我国竞技体育核心竞争力的基础环节，资金的持续投入与合理配置是我国竞技体育发展的必要前提，长期以来依赖政府包揽一切的体制已跟不上现阶段竞技体育的发展需求，同时加大了政府部门的财政负担，因此需要建立多渠道筹资机制，挖掘社会与市场力量，拓宽资金来源渠道，为我国竞技体育发展奠定坚实的经济基础，从而为我国竞技体育核心竞争力的提升保驾护航。

2. 构建多元治理机制，循序渐进地推动体育管理体制改革

现阶段我国竞技体育体制即举国体制可追溯至 20 世纪 80 年代，这种以政府为绝对主导、以国家利益为最终目标、以奥运会为最高层次的体育体制完全契合了当时的计划经济体制，并引领我国竞技体育成绩在短短数十年内取得了巨大飞跃，于 2008 年北京奥运会达到巅峰，极大地增强了国民的自信心。然

---

① 胡萍：《中国竞技体育资源配置评价与优化对策研究》，哈尔滨工程大学博士学位论文，2009 年。

而，在我国社会主义市场经济改革日益深入的背景下，举国体制的一些缺陷开始显现，其高度行政垄断的管理模式与运行机制已难以适应我国社会经济的发展进程与竞技体育的孕育需求，逐渐暴露出运动员伤病问题、群众体育建设忽视问题、高质量后备人才萎缩问题等等。

随着后奥运时代的到来，我国从竞技体育强国向体育强国迈进，我国体育建设的重心逐渐从竞技体育转移到群众体育，但这并不意味着竞技体育地位被削弱与淡出，更不意味着举国体制被推倒与另起炉灶，而是为竞技体育寻找更大的发展空间，兴利除弊，对原有管理体制进行改革与完善，剔除其弊端，保持其优势，以带动我国竞技体育的进一步发展。①

长期以来，我国竞技体育采用政府集权型的竞技体育组织体制保证了我国社会资源的最大限度整合，从而实现我国竞技体育的成绩突破。政府部门的资源整合与集中管理是竞技体育取得优异成绩的保证，然而，长期的行政垄断与政府集权也存在体制僵化、社会体育组织积极性下降、竞技体育资源配置不合理及其流动性差、利用率低等弊端。② 目前，我国现阶段的社会经济发展基础，还无法与西方发达国家相匹配，如果贸然地全盘西化，一味地仿效其社会管理体制，只会引起竞技体育管理的秩序混乱与力度弱化，最终导致其发展陷入无序状态。③

因此，我国竞技体育管理体制的改革探索，需要以我国客观现状为基础，以西方体育强国发展历程为借鉴，既不能沿袭过去管办不分的行政管理体制，又不能一味全盘西化，完全放权于社会，要避免"包揽一切"与"转让过度"两个极端，循序渐进地由政府集中管理向政府与社会多元治理过渡。基于竞技体育多元治理视角，我国政府部门在竞技体育的发展过程中应定位为"元治理"角色，发挥其对各环节主体的主导协调职能④，同时依靠社会群体的广泛

---

① 卢元镇：《中国竞技体育现行管理体制的制度性代价》，载《体育学刊》2010 年第 17 卷第 3 期，第 7 - 12 页。

② 浦义俊、吴贻刚：《美国竞技体育发展方式的历史演进及动因研究——兼谈对我国竞技体育发展方式转型的启示》，载《南京体育学院学报（社会科学版）》2016 年第 30 卷第 6 期，第 98 - 106 页。

③ 常利华：《俄罗斯体育管理体制及其对我国的启示》，载《体育文化导刊》2016 年第 11 期，第 30 - 35 页。

④ 李长春：《从体育管理走向体育治理：内涵、动力及路径分析》，载《体育文化导刊》2017 年第 34 期，第 6 - 10 页。

参与构成多元治理的主体。即政府相应行政部门进行宏观决策与全面监管，把握竞技体育发展方向，规范竞技体育市场行为①，将具体的操办运行工作交给相关社会组织与机构，通过政府部门的宏观把控与社会群体的积极参与，保障政府部门的治理科学性，激发社会全体的参与积极性，切实为竞技体育的发展与治理提供足够的空间与广阔的平台，以提升我国竞技体育的核心竞争力。

政府部门与社会群体多元治理机制的推动，需要以国家层面具有战略高度的"顶层设计"为依托。目前，我国竞技体育发展仍依靠相关政府部门进行统一的管理与操办，体育资源和决策权力都是由政府部门掌握。② 这种传统体育管理模式无法企及现阶段竞技体育发展的需求与体育强国迈进的步伐。因此，我国竞技体育的发展需要"顶层设计"的宏观决策把握方向，在以奥运会等大型国际赛事成绩提升为总体目标的发展前提下，突破传统体制的束缚，保留举国体制制度优势的同时，集聚社会力量，协调各方关系，循序渐进地推动竞技体育的职业化、社会化、市场化与集约化进程。③ 同时，通过顶层设计对竞技体育的发展进行科学设计，在解决当前奥运备战工作的基础上，协调竞技体育发展与群众体育建设的能动联系，以竞技体育的优异成绩推动群众体育的开展建设，以群众体育的欣欣向荣为竞技体育夯实基础，实现竞技体育的可持续发展。

政府部门与社会群体的多元治理机制推动，需要以理性健全符合发展逻辑的法制体系为支撑。多元治理机制的推动，对传统的体育管理机制的部分理念与方式进行一定的颠覆与转型，需要以此建立新的更符合历史逻辑与行为逻辑的法制体系，对竞技体育发展的各个环节要素进行全方面渗透。④ 近年来颁布的相关政策明确指出了转变政府职能的必要性，提出了"管办分离、政企分开、政社分开"，在此背景下意味着政府部门须将部分解决事项、公共服务转移给体育社会组织⑤，从战略层面坚定"管办分离"，推动竞技体育社会化的

---

① 苗治文、刘月：《我国计划体育向市场体育转型的发展研究》，载《南京体育学院学报（社会科学版）》2017 年第 31 卷第 1 期，第 7－12 页。

② 张春合：《"管办分离"背景下的中国体育管理多中心治理问题研究》，载《体育与科学》2015 年第 36 卷第 5 期，第 69－73 页。

③ 黎涌明、陈小平：《英国竞技体育复兴的体系特征及对我国奥运战略的启示》，载《体育科学》2017 年第 37 卷第 5 期，第 3－10 页。

④ 浦义俊、吴贻刚：《法国竞技体育发展方式时代转型脉络、驱动及保障机制研究》，载《西安体育学院学报》2017 年第 34 卷第 4 期，第 393－403 页。

⑤ 《国务院关于加快发展体育产业促进体育消费的若干意见》（国发〔2014〕46 号），第 10 页。

发展走向。除指导性政策的颁布工作外，还须进一步加强相应体育法规的建设与执行工作，通过强有力的法制约束，明晰各方角色、赋予政府职能、规范社会行为、避免越权现象，以杜绝部门失职、市场失灵、发展失稳的潜在风险。①《中华人民共和国体育法》已于 2016 年底修订完成，以此对相关政府部门与社会机构进行权利、义务划分与职责明确，对失范与违规行为进行责任追究，切实做到有法可依、有法必依。

综上所述，管理体制作为我国竞技体育核心竞争力的核心部分，正面临政府职能转型、社会力量整合等机遇挑战，需要以高度战略的顶层设计与科学理性的法制体系为基础，推动我国政府部门与社会力量多元管理机制的建设，依靠政府部门的决策监管与社会力量的广泛参与，提升管理效率，降低管理成本，以实现基于管理层面对我国竞技体育核心竞争力的进一步提升。

3. 进一步完善体教融合培养机制，提升运动员的综合素养

有组织、有计划且科学的运动员选材工作对竞技体育发展有着至关重要的推动作用。现阶段我国竞技体育后备人才培养工作仍有很大的提升空间，亟待改进的问题有：运动员选拔工作依然存在不规范、欠科学的现象，导致部分潜力大、可塑性高的优秀年轻运动员未能得到更高层次的训练指导，造成人才流失；缺乏相应的后备人才激励体制，在有限的资源基础上，对精英运动员激励过度，对高潜力的运动员激励不足，导致运动员的训练积极性无法得到充分调动，造成人才的浪费。② 我国长期实行的运动员三级输送体系，是基于过去我国国情与体育工作的体制成果，对我国竞技体育的起步与发展有着积极意义，但是随着当前竞技体育的职业化与商业化发展，三级输送体系已无法完全发挥以前的功能③，这在一定程度上阻碍了我国竞技体育的进一步发展。

除运动员的选材与培养问题外，我国运动员的社会保障问题，一直是运动员培养机制建设中较为欠缺的环节，近年来已经成为竞技体育的热点话题。运

---

① 浦义俊、吴贻刚：《美国竞技体育发展方式的历史演进及动因研究——兼谈对我国竞技体育发展方式转型的启示》，载《南京体育学院学报（社会科学版）》2016 年第 30 卷第 6 期，第 98 – 106 页。

② 谢荣：《英国竞技体育的崛起探源及其启示》，载《南京体育学院学报（社会科学版）》2017 年第 31 卷第 1 期，第 75 – 78、84 页。

③ 黎涌明、陈小平：《英国竞技体育复兴的体系特征及对我国奥运战略的启示》，载《体育科学》2017 年第 37 卷第 5 期，第 3 – 10 页。

动员的职业地位，与自己所取得的运动成绩有着密切的关系①，时至今日，这一观点仍然适用，竞赛成绩优秀的运动员在退役后，所得到的就业机会是非常多的，相比而言，普通的运动员待遇则存在较大差异，而且运动伤病的积累、文化教育的缺失更导致大部分运动员在退役后流入社会底层。② 现阶段竞技利益分配体制以运动成绩为直接依据，导致大部分运动员退役后保障问题堪忧，反映了运动员培养目标较为单一，仅局限于运动能力培养，而非运动员的全面发展。因此，受限于其自身综合能力的欠缺，加之现有体制与保障不完善，运动员在退役后便面临就业竞争的瓶颈。③ 这一困境虽已引起社会各界与政府部门的高度重视，但是在资源有限的情况下无法很好地满足实际需求，需要通过运动员培养制度的完善，指导其运动生涯规划，提高其综合素养，最终实现运动员的全面发展。

为完善我国竞技体育后备人才选材与培养工作，解决退役运动员的生活保障问题，需要完善现有的"体教融合"机制，建立合理完善的运动员选材体制与运动员培养体制。借鉴西方体育强国的竞技发展历程，以运动员选材机制与学校为重心的培养体制具有一定的优越性，在我国实行也具有可复制性与可行性④，即延后运动员选材时间，颠覆"早期选材""终身一项"等传统理念，及时补充优秀后备人才，避免人才浪费流失现象，同时通过社会资源与教育资源的有机结合，对运动员在教育起步阶段完成无差别的基础教育，在其进一步深造的阶段分流至不同的学校进行专业导向培养，同时跟进其素质教育工作，提升运动员竞技能力的同时，关注其文化知识与综合能力的培养。运动员的选材工作，可借鉴西方体育强国的选材工作机制，以运动员个体的发展为重心，在选材理论的引导与实践经验的指领下，尝试并实施青春期后选材、跨向

---

① 钟秉枢：《成绩资本和地位获得——我国优秀运动员群体社会流动的研究》，载《体育科学》1998 年第 3 期，第 45 – 49 页。

② 李留东：《我国退役精英运动员再就业现状分析——基于社会分层视角》，载《上海体育学院学报》2015 年第 39 卷第 1 期，第 29 – 34 页。

③ 何平：《试论我国退役运动员就业的困境及其对策》，载《中国体育科技》2008 年第 3 期，第 10 – 15 页。

④ 贾志强：《改革创新背景下我国竞技体育可持续性发展研究》，载《北京体育大学学报》2017 年第 40 卷第 2 期，第 1 – 9 页。

选材、晚定向和动态选材，避免运动员单一化发展。① 运动员的培养工作，不能单一地将其运动能力与竞赛成绩作为成功与否的衡量标准，而应以竞技技术教育为主，以能力教育、技术教育、实践教育与责任教育为辅，全方位地培养运动员，提升其综合素养。②

体教融合培养机制的完善，需要以高素质教练员团队为基础。教练员在运动员训练培养体系中处于主导地位，其执教工作与运动员的自身发展直接挂钩，其执教水平更是被视为竞技体育软实力的核心与关键，对我国竞技体育发展有着至关重要的影响。我国教练员培养制度尚存在培训工作未形成体制机制、培训内容缺乏针对性、培训教师脱离实践工作、参训学员上岗仓促等问题③，进而导致教练员工作态度不端正、训练安排不严谨、执教方式不科学等后果，阻碍了体教融合培养机制的完善工作乃至竞技体育的发展工作。针对上述问题，当前需要做的是加强对教练员资格认证体系、教练员培训体系的构建与优化，确保参训教练员通过培训考试、成绩考核才予以认证，杜绝参训即认证现象，规范教练员队伍的管理工作，保障教练员队伍的工作态度、执教能力均处于较高水平。在加强我国本土教练员培养与认证工作的同时，还须注重从国外引进高水平教练员④，为我国运动员培养工作带来先进理念的同时，推动我国潜在优势项目与相对落后项目的发展与成绩突破。在国际教练员引进工作上，需要通过具体项目领域的在职教练员、管理工作者与科研团队共同商讨，确定引进教练员名单，确保其执教水平与工作质量，并将其纳入我国竞技体育管理工作中，同时给予其充分的执教空间，通过适当的奖励机制充分调动其工作积极性，以挖掘引进教练员执教工作的最大效益。

综上所述，运动员培养工作是我国竞技体育核心竞争力的关键部分，与我国运动员竞技成绩直接挂钩，需要通过完善的体教融合培养机制，对运动员进行全面

---

① 黎涌明、陈小平：《英国竞技体育复兴的体系特征及对我国奥运战略的启示》，载《体育科学》2017年第37卷第5期，第3-10页。

② 郑隆霞：《论英国竞技体育快速崛起的动力之源》，载《南京体育学院学报（社会科学版）》2016年第30卷第6期，第27-33页。

③ 鲁毅：《德国体育管理体制及其对我国体育发展的启示》，载《广州体育学院学报》2016年第36卷第4期，第1-4页。

④ 浦义俊、吴贻刚：《美国竞技体育发展方式的历史演进及动因研究——兼谈对我国竞技体育发展方式转型的启示》，载《南京体育学院学报（社会科学版）》2016年第30卷第6期，第98-106页。

化、科学化、规范化的选材、训练与培养等工作，充分挖掘其运动潜力，寻求世界大型赛事上的成绩突破，以实现我国竞技体育核心竞争力的进一步提升。

4. 基于产学研一体化体制，提高科技成果转化率与有效率

科学技术带动的技战术创新、运动器材装备更新、运动训练方法探索等科研工作，是我国竞技体育核心竞争力尤为重要的关键要素，科研成果转化率与有效率是我国竞技体育强有力的科研保障。[①]

科研工作是运动员训练水平与竞赛成绩提升的基本保障与强大引擎。以近几届奥运会成绩进步最为明显的英国竞技体育为例，先进的科学技术成果与完善的科研服务工作是他们快速提升运动员竞赛成绩的关键因素。隶属于英国体育局的英格兰体科所，通过与高等院校、科研单位合作，依靠其专业能力整合多学科和高科技资源，开展相关课题的攻关研究工作，领导几乎所有竞技项目的科研服务工作，全方位地支持各竞技项目的奥运会备战工作，从这里可清晰地看出科学研究在奥运会竞技中的地位。[②] 可以说，英国竞技体育之所以能得到飞速发展，与其在科研工作上的投入是密切相关的，而优秀的体育科研团队的创建及其科研成果的输出是以良好的体育科研创新转化机制为基础，这恰好是我国竞技体育科研工作组织中最为薄弱的环节。[③]

相比较而言，我国科研工作的效率和科研服务的质量仍有较大的提升空间，现阶段我国已形成较为稳定的竞技体育科研服务模式，但仍沿用"小作坊"式的分散管理模式，严重影响了科研工作的课题选择、资源共享、监控反馈等工作环节，导致我国竞技体育科研工作对竞技体育的服务范围有限、服务功能单一、服务效率较低，最终其对竞技成绩的推动作用大打折扣。[④] 我国竞技体育科研工作止步不前，主要源于以下三个方面的原因：其一，相关经费、人员等资源投入有限，影响了我国竞技体育科研工作的开展；其二，相关

① 邓万金：《我国竞技体育核心竞争力动态链管理体系研究》，载《北京体育大学学报》2018 年第 41 卷第 2 期，第 101－108 页。

② 黎涌明、陈小平：《英国竞技体育复兴的体系特征及对我国奥运战略的启示》，载《体育科学》2017 年第 37 卷第 5 期，第 3－10 页。

③ 刘渝、陈筝、邹琳：《英国竞技体育人才体教结合实现机制及启示》，载《体育文化导刊》2017 年第 1 期，第 31－35 页。

④ 魏平：《体育科技服务中非服务性因素审视》，载《山东体育学院学报》2003 年第 3 期，第 29－30 页。

研究课题与专利成果缺乏深度，制约了科研工作创新程度的提高；其三，相关出版物数量不足，降低了相关科研成果的扩散力度与影响深度。[①] 这些不足最终导致我国竞技体育科技成果转化率远低于发达国家平均水平[②]，造成了一定程度的资源浪费。

"当一个国家的基础科学知识对其他民族过度依赖，那么其工业领域的发展速度必然是相对较慢的，相应地在全球中的竞争实力也是不强的。"[③] 该观点对我国体育工作领域同样适用，无论是基础科学知识还是理论技术前沿，都有赖于高质量的体育科研实践工作，科技成果转换率与有效率是衡量我国体育科研实践工作效率的关键性要素，也是目前我国竞技体育较为欠缺的环节。因此，需要把握科研成果转化率与有效率这一核心问题，以提高我国竞技体育科研工作的质量与扶持力度。基于已有的研究成果，可引入产学研一体化机制，以促进训练、教学、科研的结合，保障其科研工作的自主创新能力，提升我国体育科研工作成果的转化率与有效率。高等体育院校具备稳固的知识基础，为科研与训练工作输送高质量人才；科研机构则处于理论前沿，对理论教学与运动训练等实践工作具有指导意义；运动代表队则是训练工作的执行者，与科研成果转化率、有效率直接挂钩，三者分别聚集一定的人力、物力、财力等科技资源，建立三者的一体化建设机制，有利于整合资源、发挥优势[④]，集中力量攻关专项课题，推动运动训练科学化，提高工作效率，最终实现科技兴业、科技兴体，提升我国竞技体育的核心竞争力，推动我国向体育强国迈进。

其一，基于产学研一体化机制，对中国体育科技资源进行整合，以巩固体育科研资源基础。现阶段我国绝大部分省、自治区、直辖市都开办了高等体育院校，并拥有独立的体育科研单位与运动项目训练代表队，各体育高等院校以及当地科研单位都配置基本相同的科研设施，导致设备设施重复购置，造成资源浪费；各个院校、科研所之间合作极少，容易出现专项课题重复研究现象，

① 郭淑范、司虎克、董海军等：《科技进步对我国竞技体育发展的作用与贡献》，载《体育科研》2009年第30卷第2期，第26-29页。
② 何培森、丛湖平：《我国体育科技发展问题研究综述》，载《中国体育科技》2005年第4期，第21-24页。
③ Vannevar Bush, Science: The Endless Frontier, Washington: National Science Foundation, 1945.
④ 李文川、朱俊河：《科技视域下的体育强国》，载《体育科研》2009年第30卷第4期，第24-27页。

造成人力资源浪费。通过产学研一体化机制的调控，可根据各省、自治区、直辖市的科技资源基础及当地特色设计相应的专项课题的攻关工作，实现资源互通，提高科研设施使用率，降低科研投入成本，提升科研工作的整体效率。

其二，基于产学研一体化机制，加强跨学科合作，以提高科研工作自主创新能力。体育学科作为运动医学、运动力学、社会学等多元领域交互所形成的交叉性学科，其科研工作成果大部分基于其他学科、领域的科研成果，结合体育运动自身特征进行创新，这决定了体育科研工作需要加大与其他学科领域的交流合作。因此，可通过产学研一体化机制的规划，以各运动训练队的实践需求为出发点，基于科研单位、高等体育院校的专项理论与技术能力基础，促进科研单位与跨领域单位、高等院校与综合性大学之间的交流合作，引进各学科科研前沿的学术成果，进行消化吸收，与各竞技项目相结合，推动科研创新，使其在运动训练中发挥积极作用，提升我国竞技体育科研工作的创新能力。

其三，基于产学研一体化机制，制订个性化训练方案，提高科研工作成果转化率与有效率。著名专家哈特曼博士认为，开展个性化训练符合生物的适应性原理。不同的运动项目、不同竞技水平的运动员自身情况均不相同，其所适应的训练负荷、训练频率、训练内容也各不相同，因此需要充分考虑到每个运动员的具体状况，在此基础上制订具有针对性的训练计划，这对帮助运动员明显提升竞技水平有着重要意义。通过产学研一体化机制的指导，可将各训练代表队水平高、潜力大的高质量运动员人才的特征反馈给各科研单位与高等院校，针对其运动能力制订个性化、科学化的训练方案，顺应科学训练的区别对待原则与针对性要求，提高科研工作成果的转化率与有效率，为日常训练、竞赛发挥与成绩提升提供强有力的科技支撑。

综上所述，科研工作作为我国竞技体育核心竞争力的关键要素，对我国竞技体育的潜力挖掘、成绩提升具有至关重要的助推作用，因此，需要以产学研一体化机制为基础，整合国内体育科技资源，推动跨学科、跨领域的科研交流活动，指导高水平运动员的训练方案，提高其科研工作成果的转化率和有效率，提高运动员训练备赛的科学性、有效性，进而达到可持续发展的目标。

5. 转变价值导向机制，杜绝竞技体育文化迷失现象

不同时间、不同地区、不同国家对竞技体育的追求各不相同，相应地，其竞技体育文化特征也存在一定的差异。基于历史唯物主义观点，竞技体育文化

并不是一成不变的，其发展有时滞后于现阶段竞技体育存在的变化，有时则超前地对未来进行思考规划。从成绩来看，目前我国已步入竞技体育强国行列，但结合相应的文化意识形态来看，我国仍与体育强国存在一定差距①，对竞技体育文化建设工作的忽视，必将引发竞技体育文化的迷失。

一旦出现竞技体育文化的迷失，将对竞技体育的发展产生难以磨灭的负面影响，对竞技体育的结果、本质等各个方面都是不利的。② 所出现的问题主要包含以下几个方面：其一，滥用兴奋剂。竞技体育的蓬勃发展必然走向职业化与商业化的道路，在多方利益的诱导与冲击下，价值导向的滞后、竞技体育文化的迷失、竞技体育的政治功能、爱国主义与民族主义的情绪推动，都会无意中助长兴奋剂的滋生，抑制运动员的训练积极性，从而侵犯运动员生命健康的基本权利。其二，存在"黑哨""假赛"现象。在竞技体育商业化的背景下，大量社会资源注入竞技体育市场，政治任务带来的压力、各俱乐部及运动队对竞技成绩的追求、博彩竞猜的介入、财富金钱的诱导等因素，易引发运动员、教练员、体育管理员与裁判队伍在比赛中操控比赛结果，产生黑哨、假赛现象，进而违背竞技体育公正的原则，破坏运动赛场公平竞争环境，葬送竞技体育的发展前景。上述竞技体育文化迷失现象违背了竞技体育精神，对我国竞技体育的发展带来较大冲击。究其根本原因，我国竞技体育价值导向仍沿袭以成绩为主导、以金牌为目标的传统观念，在相应功利思想的驱使下，从相应政府部门到普通群众，都过分注重比赛成绩，导致竞技体育文化意识形态缺乏一定的人文理念，相关工作者心理倾向自我利益收缩，从而引发一系列竞技体育异化现象，破坏了公平公正的竞技环境，阻碍了我国竞技体育的良性发展。

我国竞技体育的发展动力机制，正从竞技成绩、国家荣誉向群众参与、群民建设过渡③，但已有的唯金牌论、成绩至上的传统观念在社会上仍然根深蒂固，认为比赛成绩、金牌奖牌数量是竞技体育唯一的价值衡量，各运动训练队将金牌、奖牌成绩作为其主要任务，加之利益引诱、任务压力，导致我国竞技

---

① 苗治文、张帆：《我国竞技体育价值取向的转变》，载《北京体育大学学报》2014 年第 37 卷第 7 期，第 125－130 页。

② 蒋新国：《我国竞技体育文化迷失现象的分析》，载《体育学刊》2010 年第 17 卷第 7 期，第 19－22 页。

③ 易剑东：《中国体育文化建设三题》，载《上海体育学院学报》2012 年第 36 卷第 2 期，第 6－12 页。

体育发展偏离中华民族的传统精神信仰与现代竞技体育文化的和谐时代主
题①，从而出现了上述体育文化迷失导致的竞技异化现象。为解决我国体育文
化迷失问题，为竞技体育营造积极和谐的发展氛围，需要转变已有的价值导向
观念，淡化金牌意识，打破已有的金牌垄断的行政思维、官僚思维、政绩思
维，从以金牌数量成绩为主导向以金牌质量、内涵意义为主导过渡。② 竞技体
育比赛成绩固然重要，它被视为一个国家综合国力的鲜明特征，是国家软实力
的重要表现形式，是国家国际地位的有效支撑③，同时它更应该是国家文化发
展的显著标识、国家民族团结的推动助力、群众参与体育的科学导向。需要通
过转变价值导向机制，改变已有的金牌多寡关乎面子的狭隘观念，形成超越简
单功利的大体育观，以杜绝体育迷失问题与竞技异化现象，为我国竞技体育的
可持续发展保驾护航。

转变已有的价值导向观念，需要依靠教育工作与体育发展并行，使现代竞
技体育的和谐文化理念深入人心。以奥林匹克运动为例，其教育理念不仅仅注
重身体教育，使受教育者拥有高超的运动能力，更注重运动员的全面发展、人
与自然的和谐相处等。④ 围绕这一点，奥林匹克运动借助奥运会赛事举办、公
益活动开展等方式，增强运动员的身体素质，锻炼运动员的意志品质，促进其
身心全面发展⑤，弘扬奥林匹克运动的精神理念与文化理念。借鉴奥林匹克运
动文化建设工作的启示，我国竞技体育价值导向机制的转变以及竞技体育精神
文化的构建，需要通过教育手段，提高运动员与竞技体育从业者的综合素养，
摒弃原有的金牌至上等狭隘理念，将现代竞技体育文化中友谊团结、平等民主
的思想理念与我国竞技体育原有的爱国主义、集体主义等积极思想精神相融

---

① 苗治文、张帆：《我国竞技体育价值取向的转变》，载《北京体育大学学报》2014 年第 37 卷
第 7 期，第 125－130 页。

② 胡小明：《分享运动——体育事业可持续发展的路径》，载《体育科学》2010 年第 30 卷第 11
期，第 3－8 页。

③ 易剑东：《中国体育体制改革的逻辑基点与价值取向》，载《体育学刊》2011 年第 18 卷第 1
期，第 14－25 页。

④ 赵松、白春燕、魏彪：《现代奥林匹克运动教育思想的历史流变与当代发展》，载《成都体育
学院学报》2016 年第 42 卷第 2 期，第 27－31 页。

⑤ 唐贤秋、王银娥：《诚信：人文奥运之道德诉求》，载《伦理学研究》2007 年第 6 期，第 11－
13 页。

合①，并"泛化成社会和谐发展的精神准则"②，营造和谐积极的竞技体育发展氛围。

综上所述，竞技文化是我国竞技体育核心竞争力的重要内容，但目前唯金牌论、成绩至上的传统观念仍然根深蒂固，导致我国竞技体育出现文化迷失问题，导致兴奋剂滥用、"黑哨""假赛"等异化现象滋生，阻碍了我国竞技体育的进一步发展。因此，需要转变已有的价值导向机制，从以金牌数量成绩为主导向以金牌质量、内涵意义为主导过渡，以教育为载体，构建友谊团结、平等民主的竞技体育文化，为我国竞技体育的持久发展营造和谐积极的文化氛围，推动我国竞技体育核心竞争力的进一步提高。

6. 实现相互取予机制，巩固群众基础，推动竞技体育发展

在体育事业的范畴中，群众体育、竞技体育属于两个重要的分支，相互之间是协调与互补的关系③，两者共同推动体育事业健康发展。以近年来竞技体育成绩大幅度提升的英国为例，其在大力发展竞技体育初期，已形成扎实的群众体育工作基础，通过群众的广泛参与，为竞技体育提供精神动力、资金支持，并培养造就了一支高质量、高潜力的后备人才队伍，推动其优势项目的培育进程，最终成为英国竞技体育快速崛起的坚实基础与根本动力源。④ 由此可见，群众体育建设工作对竞技体育的发展与提升有着至关重要的推动作用。

自新中国成立以来，我国竞技体育和群众体育的关系先后经历提高普及阶段、相对独立阶段与协调发展阶段，各阶段建设竞技体育工作所提出的学说对其体育事业的发展均具有重要指导意义，但也存在一定的局限性。"提高普及说"创立于新中国成立初期，即"加强对少数优秀运动员的培养，积极推动群众性体育活动"⑤，两者在一定条件下相互转换，通过普及与提高的多次转

---

① 张军、许声宏、王润斌：《关于建构中华民族当代竞技体育精神文化的思考》，载《北京体育大学学报》2005 年第 9 期，第 1174 – 1175、1178 页。

② 蒋新国：《我国竞技体育文化迷失现象的分析》，载《体育学刊》2010 年第 17 卷第 7 期，第 19 – 22 页。

③ 谈群林、黄炜：《建国以来我国竞技体育与群众体育关系研究述评》，载《首都体育学院学报》2009 年第 21 卷第 5 期，第 532 – 533 页。

④ 郑隆霞：《论英国竞技体育快速崛起的动力之源》，载《南京体育学院学报（社会科学版）》2016 年第 30 卷第 6 期，第 27 – 33 页。

⑤ 熊晓正、曹守詠、林登辕：《从"普及与提高相结合"到"各类体育协调发展"》，载《体育文史》1997 年第 5 期，第 16 – 20 页。

换更迭，实现"否定之否定，螺旋上升的发展过程"①。在我国体育事业发展的初级阶段，"提高普及说"的运用在当时起到了相应的效果，但是在国家经济快速发展的背景下，该理论逐渐滞后于社会的快速发展。"相对独立说"则创立于20世纪70年代，该观点将竞技体育与群众体育完全分割②，具有不同的定义与特征，应按各自的规律建设与发展，且在实践工作中仅能侧重其中一项。③ 该观点过分强调竞技体育与群众体育的对立特征，而忽略了其相通性质，以至于完全否认了两者融合的可能性，对于体育事业的发展是不利的。"协调发展说"创立于20世纪80年代，该学说将竞技体育资源与群众体育建设纳入政府职能，进行统一的资源整合与配置，即"将全民健身活动作为开展体育工作的基础，进而实现不同类型体育产业的协调、稳定发展"④。该学说充分考虑了两者的融合性，但是在实践工作中又存在有限资源配置比例难以调和的困境，无法"从根本上摆脱体育事业建设一手硬一手软的局面"⑤。因此，现阶段需要结合我国历史经验并借鉴西方体育强国的启示，持续推动群众体育、竞技体育的发展。

有学者基于已有的理论成果，提出"相互取予说"，强调竞技体育与群众体育是两个相对独立的不同子系统，各系统必须按照其各自的规律发展与运行，但在承认两个子系统差别的同时，又肯定其相互融合的可能性⑥，以探究两者相互促进、共同发展的"相互取予"机制。从功能来看，竞技体育除了娱乐功能之外，对国际关系的改善、民族荣誉的激发、娱乐产业的促进以及运动项目的普及等也具有一定的推动作用，群众体育则除了提升群众体质功能，对运动康复、闲暇娱乐、体育教育、社会交往等也有一定的潜在功能，两者存

①　陈融：《建国以来认识和处理群众体育与竞技体育关系的历史启示——价值追求与代价意识》，载《体育文史》1999年第3期，第11－15页。

②　王学锋：《真义体育思想对中国体育发展的贡献》，载《体育学刊》2004年第4期，第7－11页。

③　陈融：《试析真义体育观、大体育观的特征与分歧》，载《西安体育学院学报》1999年第4期，第1－5页。

④　谈群林、黄炜：《建国以来我国竞技体育与群众体育关系研究述评》，载《首都体育学院学报》2009年第21卷第5期，第532－533页。

⑤　熊晓正、林登辕：《从"普及与提高相结合"到"各类体育协调发展"》，载《体育文史》1997年第5期，第16－20页。

⑥　裴立新、黄炜、佟强：《从"普及提高"到"相对独立"再到"相互取予"——竞技体育与群众体育关系的研究》，载《体育与科学》2008年第1期，第67－70页。

在功能上的相互取予关系；从形式上看，竞技体育与群众体育均以身体活动为载体，两者存在形式上的共性。因此，竞技体育与群众体育在各自运行发展规律基础上，存在一定系统临近环境的相互取予特征，依此可将两者有机地结合在一起，实现两个系统的相互取予机制，以实现竞技体育与群众体育的可持续发展。

竞技体育与群众体育的相互取予机制，具体表现在竞技体育以群众体育的坚实基础为发展动力，同时对群众体育具有引导示范作用。① 竞技体育的可持续发展必然离不开群众体育的欣欣向荣，其竞技成绩提升是群众体育发展到一定水平的必然结果：一方面，竞技体育的持久发展，需要以高质量的后备人才储备工作为基础，而竞技体育后备人才团队的规模，则与我国体育人口数量直接挂钩。由此可清晰地看出加强群众体育发展的重要意义，在我国体育人口数量逐渐增多的背景下，竞技体育后备人才规模也会随之扩大，进而达到可持续发展的目标。另一方面，竞技体育的发展需要吸收并消耗大量的物力、财力资源，仅依靠政府统一分配拨款将造成其巨大的财政负担，因此需要大力发展群众体育，调动社会各界参与竞技体育建设工作的积极性，通过社会赞助、彩票基金、慈善捐款等形式，拓宽竞技体育筹资渠道，以巩固我国竞技体育资源基础，并且在帮助政府减轻财政负担方面也有重要意义，进而实现该领域稳定、持续发展的目标。另外，竞技体育的示范功能往往能极大限度地调动群众参与的积极性：其一，在大型国际赛场上，本国运动员在取得良好成绩后，在提升民族自豪感、振奋民族精神方面有着积极意义，优秀运动员在比赛过程中表现出的高超技艺与拼搏精神更为广大群众树立了良好榜样，从而调动群众参与体育活动的积极性，鼓励群众加入全民健身队伍；其二，竞技体育自身具有较高的竞争性与娱乐性，大力开展高质量、多项目的体育赛事，为群众提供优质的休闲娱乐方式，以帮助其在繁忙工作后缓解疲劳，从而进一步促进群众参与体育活动。

综上所述，群众支持是我国竞技体育核心竞争力的重要环节，群众体育队伍的持续壮大，有助于推动竞技体育更好的发展，在财力、人力资源方面都能

---

① 李棨：《群众体育和竞技体育的协调发展对我国体育事业深远影响的研究》，载《南京体育学院学报（自然科学版）》2011年第10卷第1期，第7-10页。

为竞技体育提供大力支持，并通过竞技体育创造优异成绩，鼓励并引导更多群众参与体育活动，以此形成能动、持久的良性循环，推动我国竞技体育的可持续发展，提升我国竞技体育的核心竞争力，促进体育事业的蓬勃发展。

第四节　2013—2018 年我国运动员获得世界冠军汇总及其项目区域分布分析

一、2013 年我国运动员获得世界冠军的区域分布分析

2013 年，我国优秀运动员共在 22 个大项中获得过世界冠军，从其在我国各省区市的分布来看，共有 23 个省区市及解放军队伍、航空无线电模型运动管理中心（以下简称"航管中心"）、火车头体协获得世界冠军，具体分布如表 4 - 8 所示。

表 4 - 8　2013 年我国优秀运动员获得世界冠军区域分布

单位	武术	羽毛球	游泳	乒乓球	体操	举重	射击	潜水	摔跤	航海模型	滑冰	中国象棋	围棋	跳伞	滑雪	排球	网球	台球	国际象棋	龙舟	健美	滑翔
北京		√		√								√		√				√				
天津						√									√							
河北	√						√		√													
山西				√	√		√															
内蒙古	√																					
辽宁	√	√		√			√	√					√		√							
吉林	√										√				√							
黑龙江											√											
上海	√	√	√		√				√			√										
江苏	√	√	√	√													√		√			
浙江	√			√		√			√													
福建	√	√			√	√	√		√													
山东	√	√			√		√														√	

续上表

单位	武术	羽毛球	游泳	乒乓球	体操	举重	射击	潜水	摔跤	航海模型	滑冰	中国象棋	围棋	跳伞	滑雪	排球	网球	台球	国际象棋	龙舟	健美	滑翔
河南	√																					
湖北		√	√										√	√								
湖南						√																
广东	√	√	√	√	√	√	√	√		√										√		
广西					√			√														
重庆			√																			
四川	√		√																			
陕西	√		√																			
宁夏	√																					
青海	√																					
航管中心																						√
解放军队伍		√	√	√			√		√													
火车头体协																						

从 2013 年各大项世界冠军在我国各省区市的分布结果来看，只有武术项目的世界冠军分布在 10 个省区市以上，而羽毛球、游泳、体操、乒乓球和举重 5 个大项的世界冠军至少分布在 5 个省市以上，还有 10 个大项的世界冠军只分布在 2～4 个省区市，而排球、网球、台球、国际象棋、龙舟和健美 6 个大项的世界冠军都仅分布在一个省份中。

同时，2013 年，我国获得世界冠军项目较多、较密集的省份主要分布在沿海地区，如广东、福建、浙江、上海、江苏、山东和辽宁 7 个省市，这些省市基本上能在至少 5 个大项中获得世界冠军，尤其是广东省甚至在 10 个大项中获得世界冠军；其次是北京、湖北、河北、山西和吉林 5 个省市在 3～5 个大项中获得世界冠军；除了这些省份，还有 11 个省份都只获得 1～2 个大项中的世界冠军，而 2013 年未获得过世界冠军的有新疆、云南、贵州、甘肃、西藏、安徽、江西、海南、河南和台湾 10 个省区。此外，从 2013 年各大项在我国各地区的分布来看，华南、华北、华东和东北地区是我国 2013 年获得世界冠军的主力，其次是华中、西南和西北地区。

2013 年，我国运动员共获得 149 个小项的世界冠军。从各省获得各小项世界冠军数量多少的分布来看，获得 10 个小项以上世界冠军的主要有广东省（24 个）、辽宁省（17 个）和上海市（16 个）。具体如表 4 – 9 所示。

表 4 – 9　2013 年各省区市获得各小项世界冠军的数量

单位	冠军数/个	项目分布
广东	24	游泳（跳水）：男子 3 米跳板、女子 1 米跳板、女子 3 米跳板、男子双人 3 米跳板；羽毛球：混合团体；体操（蹦床）：女子单跳团体；射击：女子 10 米气步枪；乒乓球：女子单打、女子团体；潜水（蹼泳）：女子 4×100 米蹼泳接力、女子 100 米器泳、女子 50 米潜泳、女子 50 米蹼泳、男子 400 米器泳；举重：女子 53 公斤级抓举、女子 53 公斤级挺举、女子 53 公斤级总成绩；航海模型：F2 – C、F4 – B；武术（套路）：男子南刀；龙舟：成年公开组 200 米、成年公开组 500 米、成年混合组 200 米、成年混合组 500 米
辽宁	17	武术（套路）：女子南拳；潜水（蹼泳）：女子 4×100 米蹼泳接力、女子 400 米蹼泳、女子 800 米器泳、男子 800 米器泳、女子 800 米蹼泳（世界杯）、女子 800 米蹼泳（世锦赛）、女子 400 米器泳；摔跤：女子团体、女子自由式 51 公斤级、女子自由式 72 公斤级；乒乓球：女子双打、女子团体；羽毛球：女子双打、混合团体；围棋：男子个人（三星杯）；滑雪（自由式滑雪）：女子空中技巧
上海	16	游泳：女子 200 米蝶泳；体操（蹦床）：男子网上团体、女子单跳团体；乒乓球：男子单打、男子团体；航海模型：F1 – E + 1KG、F1 – E – 1KG、F3 – E、F3 – V、F3 – V3.5、MONO I、F2 – B、F4 – C、F5 – 10；中国象棋：男子团体；武术（散打）：男子 56 公斤级
浙江	9	体操：女子高低杠；体操（蹦床）：女子单跳个人、女子单跳团体；航海模型：ECO – EXP、ECO – TEAM；武术（套路）：男子枪术；游泳：男子 400 米自由泳、男子 800 米自由泳、男子 1500 米自由泳
解放军队伍	9	游泳（跳水）：男子 1 米跳板；摔跤：女子团体；举重：男子 69 公斤级抓举、男子 69 公斤级挺举、男子 69 公斤级总成绩、女子 75 公斤级抓举；乒乓球：男子团体；羽毛球：男子单打、混合团体

续上表

单位	冠军数/个	项目分布
山东	8	健美：男子75公斤；乒乓球：男子团体、女子团体、男子单打、女子单打、女子双打；举重：女子75公斤级抓举；羽毛球：混合团体
湖南	8	举重：女子48公斤级抓举、女子48公斤级挺举、女子48公斤级总成绩、男子56公斤级抓举、男子62公斤级总成绩、女子69公斤级抓举、女子69公斤级挺举、女子69公斤级总成绩
北京	7	羽毛球：混合团体；乒乓球：男子团体、女子团体；跳伞：女子集体定点；中国象棋：男子个人、女子个人、男子团体
福建	7	羽毛球：混合团体；体操：男子双杠；体操（蹦床）：女子单跳团体；射击：女子25米运动手枪；举重：女子58公斤级抓举；摔跤：女子团体；武术（套路）：女子太极拳
湖北	6	围棋：男子个人（LG杯）；跳伞：女子集体定点；羽毛球：女子双打混合团体；游泳：女子50米仰泳；游泳（跳水）：女子双人10米跳台
陕西	4	游泳（跳水）：女子10米跳台、男子双人3米跳板；武术（套路）：男子太极拳；武术（散打）：女子70公斤级
天津	4	举重：男子77公斤级抓举、男子77公斤级挺举、男子77公斤级总成绩；网球：女子双打
江苏	4	羽毛球：混合团体；游泳（跳水）：女子双人10米跳台；排球：女子沙滩排球；武术（套路）：女子长拳
山西	4	体操（蹦床）：男子网上个人、男子网上团体；射击：男子50米手枪慢射；乒乓球：女子团体
吉林	4	滑冰（短道速滑）：男子500米、女子3000米接力；滑雪（自由式滑雪）：男子空中技巧；武术（散打）：女子60公斤级
黑龙江	4	滑冰（短道速滑）：女子全能、女子500米、女子1000米、女子3000米接力
广西	3	潜水（蹼泳）：女子4×100米蹼泳接力、女子100米蹼泳；体操（蹦床）：男子网上团体
河北	2	射击：男子10米气步枪；武术（套路）：女子剑术

续上表

单位	冠军数/个	项目分布
四川	2	游泳（跳水）：男子10米跳台；武术（套路）：男子南棍
重庆	1	游泳（跳水）：女子双人3米跳板
青海	1	武术（散打）：女子56公斤级
河南	1	武术（散打）：男子75公斤级
内蒙古	1	武术（散打）：男子48公斤级
宁夏	1	武术（套路）：女子棍术
航管中心	1	滑翔：滑翔伞男子个人定点
火车头体协	1	摔跤：女子团体

二、2014年我国运动员获得世界冠军的区域分布分析

2014年，我国优秀运动员共在22个大项中获得世界冠军。从其在我国各省区市的分布来看，共有26个省区市及解放军队伍获得过世界冠军，具体分布如表4-10所示。

表4-10　2014年我国优秀运动员获得世界冠军区域分布

单位	射击	游泳	羽毛球	体操	武术	乒乓球	国际象棋	举重	潜水	台球	航海模型	网球	滑冰	掷球	现代五项	航空模型	桥牌	围棋	技巧	拳击	门球	田径
北京	√	√	√	√		√	√			√												
天津				√			√					√										
河北	√																					
山西	√				√																√	
辽宁									√								√					
吉林				√									√									
黑龙江													√					√				
上海	√	√	√		√	√	√			√	√											

85

续上表

单位	射击	游泳	羽毛球	体操	武术	乒乓球	国际象棋	举重	潜水	台球	航海模型	网球	滑冰	掷球	现代五项	航空模型	桥牌	围棋	技巧	拳击	门球	田径
江苏	√	√	√	√			√								√				√			
浙江	√						√								√							√
福建	√		√	√		√														√		
安徽	√				√																	
江西											√											
山东				√	√	√													√			
河南				√						√							√					
湖北		√	√						√				√									
湖南		√				√																
广东	√	√							√			√		√								
广西						√																
重庆		√																				
四川	√	√				√																
贵州	√			√																		
云南	√																					
陕西				√											√							
青海				√																		
解放军队伍		√	√	√		√							√									
新疆																			√			

2014 年，我国获得世界冠军的项目中，省区市跨度较大的有游泳、羽毛球、体操、射击、武术、乒乓球和国际象棋 7 个大项，这 7 个大项的世界冠军至少分布在 5 个省区市，其中最多的是射击项目，其世界冠军分布在 12 个省市，还有 10 个大项的世界冠军都只分布在 2～4 个省份中，而围棋、技巧、拳击、门球和田径 5 个大项的世界冠军都仅分布在 1 个省份。

同时，2014 年我国所获得的世界冠军在各个省区市的分布较为分散，沿海各省与内陆各省并未产生明显的差距。而获取各大项世界冠军数量较多的有广东、江苏、福建（5 个冠军）、上海和北京 5 个省市，这 5 个省市基本上都能在至少 5 个大项中获得世界冠军；除这些省份之外，其余地区都能在 1～4 个大项中获得世界冠军；而 2014 年未能获得世界冠军的有西藏、宁夏、甘肃、内蒙古、新疆、海南和台湾 7 个省区。此外，从 2014 年各大项在我国各地区的分布来看，虽各大项在各地区的分布较为分散，但华南、华东、华中、华北地区仍然是我国获得 2014 年世界冠军的中坚力量，其次是西南、东北地区，最末的是西北地区。

2014 年，我国优秀运动员共在 22 个大项中获得 157 个小项的世界冠军。从各省获得各小项世界冠军数量的分布来看，相比 2013 年获得小项世界冠军的总数量明显减少，但获得 10 个及以上小项世界冠军的省份有所增多，如广东、江苏、福建、北京、四川、上海 6 个省市和解放军队伍。具体如表 4－11 所示。

表 4－11　2014 年各省区市获得各小项世界冠军数量

单位	冠军数/个	项目分布
广东	16	游泳（跳水）：男子 3 米跳板、混合团体、男子团体、女子团体；游泳（花样游泳）：集合项目、自由组合；羽毛球：女子团体；现代五项：女子接力赛、女子团体赛；射击：女子 10 米气步枪、男子 50 米步枪卧射团体；乒乓球：女子团体；潜水（蹼泳）：女子 100 米器泳、女子 50 米潜泳、女子 4×100 米蹼泳接力；航海模型：C4
江苏	12	游泳（花样游泳）：集体项目、自由组合；羽毛球：女子团体；现代五项：女子接力赛、女子团体赛；体操：男子团体；游泳（跳水）：女子团体、女子双人 10 米跳台；国际象棋：男子团体；射击：女子移动靶混合速团体、女子移动靶标准速团体；技巧：男子四人团体
福建	12	举重：女子 63 公斤级挺举、女子 63 公斤级总成绩；射击：女子 25 米运动手枪团体、女子 25 米运动手枪、女子移动靶标准速团体；体操：男子团体、女子高低杠；体操（蹦床）：女子网上个人、女子双人同步、男子单跳个人；拳击：女子 81 公斤级；羽毛球：男子单打
解放军队伍	12	滑冰（速滑）：女子 1000 米；游泳（跳水）：女子团体、女子 10 米跳台、混合团体；体操：男子团体、男子吊环；现代五项：女子团体赛；举重：男子 69 公斤级抓举、男子 69 公斤级挺举、男子 69 公斤级总成绩；乒乓球：男子团体；羽毛球：女子团体

续上表

单位	冠军数/个	项目分布
北京	11	乒乓球：男子团体、女子团体；射击：女子25米运动手枪团体；游泳（跳水）：男子双人3米跳板、男子双人10米跳台、男子团体；游泳（花样游泳）：集体项目、自由组合；羽毛球：混合双打；台球：美式台球；国际象棋：男子团体
四川	10	游泳（跳水）：男子10米跳台、男子团体；游泳（花样游泳）：集体项目、自由组合；乒乓球：女子团体；射击：男子50米三姿步枪团体、男子10米气手枪团体、男子50米步枪卧射团体、男子50米手枪慢射团体、男子10米气步枪团体
上海	10	游泳（花样游泳）：双人项目、集体项目、自由组合；羽毛球：女子团体；台球：美式台球；航海模型：C2；武术（散打）：男子56公斤级；游泳（跳水）：女子双人3米跳板、女子团体；射击：男子双向飞碟
湖北	8	潜水（蹼泳）：女子50米双蹼、女子400米蹼泳；网球：女子单打；羽毛球：女子双打、女子团体、混合双打；游泳（跳水）：女子团体、女子双人10米跳台
湖南	8	举重：女子48公斤级抓举、女子48公斤级挺举、女子48公斤级总成绩；游泳（花样游泳）：双人项目、集体项目、自由组合；羽毛球：女子双打、女子团体
山东	6	桥牌：混合双人；乒乓球：男子团体、男子单打、女子团体；武术（散打）：男子90公斤级；体操：男子团体
浙江	6	田径：女子撑竿跳高；射击：男子50米三姿步枪、男子50米三姿步枪团体；掷球：女子大金属掷球准确抛击、女子大金属地掷球双人赛；国际象棋：男子团体
山西	6	门球；射击：男子50米手枪慢射、男子50米手枪慢射团体、男子10米气手枪团体；体操（蹦床）：男子网上个人、男子双人同步
河南	5	航空模型：S8EP、S8EP单项团体、F2B-线操纵特技模型团体；武术（散打）：男子75公斤级；台球：女子美式9球

续上表

单位	冠军数/个	项目分布
河北省	5	射击：男子 50 米手枪慢射团体、男子移动靶混合速、男子 10 米气手枪团体、男子 10 米气步枪、男子 10 米气步枪团体
安徽	4	射击：女子移动靶混合速、女子移动靶标准速团体、女子移动靶混合速团体；武术（散打）：男子 70 公斤级
吉林	4	滑冰（短道速滑）：男子 500 米、女子 500 米、女子 1500 米、女子 3000 米接力
辽宁	4	桥牌：女子双人；潜水（蹼泳）：女子 400 米蹼泳、女子 800 米蹼泳、女子 200 米双蹼
黑龙江	3	围棋：男子个人；滑冰（速滑）：女子短距离全能；滑冰（短道速滑）：女子 3000 米接力
天津	3	国际象棋：男子团体；网球：女子双打；体操（蹦床）：女子双人同步
重庆	3	游泳（跳水）：女子 3 米跳板、女子双人 3 米跳板、女子团体
贵州	2	体操：男子团体 1；射击：女子 25 米运动手枪团体
云南	1	射击：男子 50 米步枪卧射团体
广西	1	举重：女子 58 公斤级总成绩
青海	1	武术（散打）：女子 56 公斤级
陕西	1	掷球：女子大金属地掷球双人赛
江西	1	航海模型：C5
新疆	1	航空模型：F2B－线操纵特技模型团体

三、2015 年我国运动员获得世界冠军的区域分布分析

通过对我国运动员 2015 年获得世界冠军的数据进行梳理与归纳，得知其共在 25 个大项中获得过世界冠军。从各大项在我国各省区市的分布来看，共25 个省区市及解放军队伍和前卫体协获得过世界冠军。具体分布如表 4－12所示。

表4-12　2015年我国优秀运动员获得世界冠军区域分布

单位	游泳	武术	羽毛球	排球	体操	航海模型	乒乓球	国际象棋	龙舟	射击	击剑	潜水	台球	举重	航空模型	中国象棋	自行车	现代五项	滑冰	滑雪	田径	健美	柔道	帆板	围棋
北京	√		√	√			√	√																	
天津				√										√											
河北	√									√				√											
山西					√																				
辽宁	√		√	√						√		√	√												
吉林		√															√		√	√					
黑龙江																√			√	√					
上海	√	√	√		√	√	√										√	√							
江苏	√	√	√	√															√				√		
浙江	√	√			√										√										
福建	√	√	√		√							√													
安徽		√							√																
江西												√			√										
山东	√	√		√		√	√	√		√			√	√									√		
河南		√		√									√												
湖北			√																						
湖南			√		√	√				√					√										
广东	√	√	√		√	√	√			√		√							√					√	
广西			√									√			√										
重庆	√						√																		
四川	√			√		√	√						√	√											
云南																									√
陕西	√	√								√															
宁夏		√																							
解放军队伍	√		√				√								√				√						
新疆															√										
前卫体协			√																						

从 2015 年各大项在我国各省区市的分布来看，只有游泳和武术 2 大项的世界冠军分布在 10 个省区市以上，而羽毛球、排球、体操、举重、乒乓球、航海模型和国际象棋 7 个大项的世界冠军分布在 5～9 个省区市，还有 11 个大项的世界冠军仅分布在 2～4 个省区市，健美、田径、柔道、帆板、围棋 5 个大项的世界冠军都仅分布在 1 个省份中。

此外，我国获取各大项世界冠军较密集的主要是广东、辽宁、江苏、浙江、山东、福建及上海，这些省市的共同点是都为沿海地区，这 7 省市至少在 5 个大项中获得世界冠军，而能在 10 个大项以上获取世界冠军的只有山东（11 个）和广东（11 个）2 个省，内陆地区只有北京、四川和湖南 3 个省市能够在 5 个大项以上获得世界冠军，而 2015 年未获得世界冠军的有青海、海南、西藏、甘肃、贵州、内蒙古和台湾 7 个省区。同时，从 2015 年我国各地区获取各大项世界冠军的分布来看，华南、华东、华北、东北是获得 2015 年各大项世界冠军的主力，其次是华中和西南地区，西北地区有所改善。

2015 年，我国优秀运动员共在 25 个大项中获得 127 个小项的世界冠军，从各省获得各小项世界冠军数量的分布来看，获得 10 个小项以上世界冠军的包括广东、辽宁、山东、上海、湖南和福建 6 个省市，其中，广东是唯一一个获得 20 个小项以上世界冠军的省份。具体如表 4–13 所示。

表 4–13　2015 年各省区市获得各小项世界冠军数量

单位	冠军数/个	项目分布
广东	24	龙舟：成年混合组 200 米、成年公开组 200 米、成年混合组 500 米、成年女子 12 人组 2000 米绕标赛；武术（散打）：男子 56 公斤级；航海模型：F4–A、F4–B、航海模型 ECO–TEAM；潜水（蹼泳）：女子 4×100 米蹼泳接力、女子 50 米双蹼；乒乓球：女子团体、女子单打、女子双打；体操（蹦床）：女子单跳团体、女子双人同步、女子网上团体、女子网上个人；现代五项：女子接力赛；田径：女子 20 公里竞走；游泳（跳水）：男子 1 米跳板、男子 3 米跳板、男子双人 10 米跳台；帆板：女子帆板 RS：X 级；羽毛球：混合团体

续上表

单位	冠军数/个	项目分布
上海	19	航海模型：F3－V、MONO I、F3－E、F1－E－1KG、F1－E＋1KG、F5－10、F1－V7.5、F1－V3.5；中国象棋：男子团体；武术（散打）：女子52公斤级；自行车：女子场地团体竞速赛；体操：女子高低杠；体操（蹦床）：女子单跳团体；乒乓球：男子双打、混合双打、男子团体；游泳：女子4×100米混合泳接力；羽毛球：混合团体；游泳（跳水）：女子双人3米跳板
辽宁	18	龙舟：成年混合组200米、成年女子12人组2000米绕标赛、成年混合组500米、龙舟成年女子组2000米绕标赛；潜水（蹼泳）：女子100米器泳、女子200米双蹼、女子800米蹼泳（世锦赛）、女子1500米蹼泳、女子400米蹼泳（世锦赛）、女子400米蹼泳（世界杯）、女子50米潜泳、男子400米器泳、女子400米器泳、女子800米蹼泳（世界杯）；排球：女子排球；羽毛球：混合团体；击剑：女子重剑团体；游泳：女子4×100米混合泳接力
山东	16	排球：女子排球；举重：女子75公斤级抓举、女子75公斤级总成绩；武术（套路）：男子长拳；游泳（跳水）：混合双人10米跳台；国际象棋：男子团体；乒乓球：男子团体、男子双打、女子团体；柔道：女子78公斤级；航海模型：ECO－EXP、ECO－TEAM；台球：斯诺克双人赛；射击：男子50米手枪慢射；击剑：女子重剑团体
湖南	13	龙舟：成年女子12人组2000米绕标赛、成年混合组500米、成年混合组200米；羽毛球：女子双打、混合团体；举重：男子62公斤级挺举、男子62公斤级总成绩、女子69公斤级抓举、女子69公斤级挺举、女子69公斤级总成绩、男子85公斤级抓举；体操（蹦床）：女子单跳团体；航海模型：FSR－E
福建	11	武术（套路）：男子太极拳；举重：女子53公斤级抓举、女子63公斤级抓举、女子63公斤级挺举、女子63公斤级总成绩；体操（蹦床）：男子单跳个人、女子网上团体；射击：女子25米运动手枪；羽毛球：混合团体、男子单打；排球：女子排球

续上表

单位	冠军数/个	项目分布
江苏	9	健美：古典健美 75 公斤级；国际象棋：男子团体；现代五项：女子接力赛；羽毛球：混合团体；游泳：女子 4×100 米混合泳接力；武术（套路）：女子南拳；击剑：女子重剑团体；游泳（跳水）：女子双人 10 米跳台
浙江	9	武术（套路）：男子长拳；举重：男子 69 公斤级挺举、男子 69 公斤级总成绩；体操（蹦床）：女子单跳个人、女子单跳团体；游泳：女子 50 米仰泳、男子 800 米自由泳、女子 4×100 米混合泳接力、男子 400 米自由泳
北京	9	国际象棋：男子团体；乒乓球：男子团体、男子单打、女子团体；排球：女子排球；羽毛球：混合双打；游泳（跳水）：男子双人 3 米跳板、男子双人 10 米跳台；羽毛球：混合团体
四川	8	中国象棋：男子团体、男子个人；乒乓球：女子双打、女子团体；排球：女子排球；台球：斯诺克双人赛；航海模型：FSR－O15；游泳（跳水）：男子 10 米跳台
安徽	6	武术（套路）：女子枪术；武术（散打）：女子 75 公斤级；龙舟：成年女子组 12 人 2000 米绕标赛、成年公开组 200 米、成年混合组 500 米、成年混合组 200 米
解放军队伍	6	游泳：男子 100 米自由泳；羽毛球：混合团体；女子排球；乒乓球：男子团体；举重：男子 56 公斤级抓举；滑冰（短道速滑）：男子 5000 米接力
广西	5	潜水（蹼泳）：女子 50 米蹼泳、女子 4×100 米蹼泳接力；举重：女子 48 公斤级抓举、女子 48 公斤级总成绩；羽毛球：混合团体
吉林	5	武术（散打）：女子 56 公斤级；滑冰（短道速滑）：男子 500 米、男子 5000 米接力；自行车：女子场地团体竞速赛；滑雪（自由式滑雪）：男子空中技巧
陕西	4	游泳（跳水）：混合双人 3 米板、混合双人 10 米跳台、男子双人 3 米跳板；武术（散打）：男子 75 公斤级

续上表

单位	冠军数/个	项目分布
湖北	4	女子双人10米跳台；羽毛球：女子双打、混合双打、混合团体
河南	4	排球：女子排球；台球：女子美式9球；武术（套路）：男子太极剑；武术（散打）：男子66公斤级
黑龙江	4	滑冰（短道速滑）：女子500米、男子5000米接力；滑雪（单板滑雪）：女子U型场地单板雪上技巧；中国象棋：女子个人
重庆	3	游泳（跳水）：女子双人3米跳板、女子3米跳板；国际象棋：男子团体
河北	2	游泳（跳水）：混合双人3米跳板；射击：男子10米气步枪
山西	2	女子重剑团体；体操（蹦床）：男子双人同步
天津	2	举重：男子77公斤级抓举；排球：女子排球
云南	1	围棋：男子个人
江西	1	航空模型：F1C－自由飞类团体
新疆	1	航空模型：F1C－自由飞类团体
宁夏	1	武术（套路）：男子对练
前卫体协	1	武术（散打）：男子48公斤级

四、2016年我国运动员获得世界冠军的区域分布分析

2016年，我国优秀运动员共在23个大项中获得世界冠军。从各大项在我国各省的分布来看，共25个省区市及解放军队伍、前卫体协、石化体协获得世界冠军。具体分布如表4－14所示。

表 4–14　2016 年我国优秀运动员获得世界冠军区域分布

单位	武术	羽毛球	游泳	排球	田径	跆拳道	乒乓球	射击	举重	健美操	跳伞	国际象棋	潜水	掷球	拳击	自行车	滑冰	健美	摔跤	技巧	台球	航海模型	围棋
北京	√	√	√	√		√	√			√	√	√									√		
天津	√			√						√													
河北	√						√																
山西	√																			√			
辽宁		√		√		√							√										
吉林	√															√	√						
黑龙江					√												√						
上海	√	√	√			√				√		√				√							
江苏	√	√	√	√	√	√		√	√			√						√		√			
浙江	√		√			√							√										
福建	√	√		√				√	√					√									
安徽	√				√			√	√														
江西																						√	
山东	√			√		√	√						√										
河南	√			√		√					√												
湖北		√	√	√							√												
湖南		√			√				√														
广东	√	√	√		√	√							√										
广西	√	√											√										
重庆			√		√							√											
四川			√			√				√					√								
云南				√																			√
陕西	√									√			√										
宁夏	√																						
青海					√																		
解放军队伍	√	√		√		√					√						√						
前卫体协	√																						
石化体协													√										

从 2016 年各大项在我国各省份的分布来看，唯有武术项目的世界冠军分布在 10 个省区市以上，分布在 5～9 个省区市的有羽毛球、游泳、排球、田径、跆拳道、射击和乒乓球 7 个大项，还有 9 个大项的世界冠军分布在 2～4 个省份，而健美、摔跤、技巧、台球、航海模型和围棋 6 个大项的世界冠军只分布在 1 个省份。相比 2015 年，2016 年我国各省区市在各大项获得世界冠军的数量有所下降。

此外，我国获得各大项世界冠军较多的主要是广东、福建、浙江、上海和山东 5 个沿海省市，这 5 个省市在 2016 年至少获得 5 个大项以上的世界冠军。内陆地区仅有北京获得 5 个以上大项世界冠军，其余省份多在 5 个大项以下获得世界冠军。而 2016 年未获得过世界冠军的有海南、新疆、甘肃、内蒙古、贵州、西藏和台湾 7 个省区。此外，从我国各地区获得各大项世界冠军的分布来看，华东地区是我国 2016 年在各大项获得世界冠军的主力，其次是华中、华南、华北、西南、东北地区，西北地区在 2016 年获得大项世界冠军数量比前几年都多。

2016 年，我国运动员共在 107 个小项中获得世界冠军。从各省获得各小项世界冠军的数量的分布来看，其分布是较为均衡的。其中，北京、广东、江苏、辽宁、上海 5 个省市所获得的世界冠军都达到或超过 10 个小项。具体如表 4-15 所示。

表 4-15　2016 年各省区市获得各小项世界冠军数量

单位	冠军数/个	项目分布
北京	18	国际象棋：女子团体；武术（套路）：自选套路男子太极剑；跳伞：女子个人全能、女子集体定点；台球：女子美式 9 球；跆拳道：女子团体；乒乓球：男子团体（世锦赛）、男子团体（奥运会）、男子单打（奥运会）、女子团体（世锦赛）、女子团体（奥运会）、女子单打；羽毛球：男子双打；游泳（跳水）：男子双人 10 米跳台（奥运会）、男子双人 10 米跳台（世界杯）、男子 3 米跳板；健美操：团体项目；排球：女子排球

续上表

单位	冠军数/个	项目分布
广东	14	乒乓球：女子团体（世界杯）、乒乓球女子团体（奥运会）；羽毛球：男子双打、女子团体；潜水（蹼泳）：男子400米器泳、女子50米潜泳、女子4×100米蹼泳接力；田径：男子20公里竞走团体、女子20公里竞走；游泳（跳水）：男子双人10米跳台（世界杯）、男子双人10米跳台（奥运会）、男子10米跳台（奥运会）；武术（套路）：第三套国际武术竞赛套路女子太极剑；武术（散打）：男子65公斤级
江苏	14	排球：女子排球；射击：女子移动靶混合速团体、女子移动靶混合速、女子移动靶标准速团体；羽毛球：女子团体；田径：男子20公里竞走团体、女子20公里竞走团体；游泳（跳水）：女子双人10米跳台（奥运会）、女子双人10米跳台（世界杯）；跆拳道：男子58公斤级；技巧：男子四人团体；国际象棋：女子团体；武术（套路）：女子南拳；健美：男子健体174厘米组
辽宁	10	跆拳道：女子团体、女子76公斤以上级；羽毛球：女子团体；排球：女子排球；潜水（蹼泳）：女子800米蹼泳（世锦赛）、女子1500米蹼泳、女子400米蹼泳、女子800米蹼泳（世界杯）、女子400米器泳、男子100器泳
上海	10	武术（散打）：女子52公斤级；健美操：5人操、团体项目；自行车：女子场地团体竞速赛、女子场地个人争先赛；羽毛球：女子团体；国际象棋：女子团体；乒乓球：男子团体（奥运会）；游泳（跳水）：女子双人3米跳板（奥运会）、女子双人3米跳板（世界杯）
福建	8	羽毛球：男子单打；拳击：女子81公斤级；射击：女子50米三姿步枪；排球：女子排球；举重：女子63公斤级总成绩；武术（套路）：男子南刀、男子太极拳、自选套路男子太极拳
山东	8	射击：女子10米气手枪；乒乓球：男子团体（奥运会）、男子团体（世锦赛）、女子团体（奥运会）、女子团体（世锦赛）；掷球：女子大金属地掷球双人赛；武术（套路）：男子长拳；武术（散打）：男子80公斤级

续上表

单位	冠军数/个	项目分布
解放军队伍	8	武术（散打）：男子85公斤级；滑冰（短道速滑）：男子5000米接力；乒乓球：男子团体（世锦赛）、男子单打（世界杯）；羽毛球：女子团体；跳伞：女子集体定点；田径：女子20公里竞走团体
浙江	7	游泳：男子200米个人混合泳、男子200米自由泳；跆拳道：女子团体；举重：男子69公斤级总成绩；掷球：女子大金属地掷球双人赛；武术（套路）：男子南拳、自选套路女子太极剑
安徽	6	武术（散打）：女子75公斤级；举重：女子75公斤以上级总成绩；射击：女子移动靶标准速团体、女子移动靶混合速团体；武术（套路）：女子枪术；田径：女子20公里竞走团体
广西	6	武术（套路）：男子42式太极拳；潜水（蹼泳）：女子100米蹼泳（世界杯）、女子100米蹼泳（世锦赛）、女子4×100米蹼泳接力、女子50米蹼泳；羽毛球：女子团体
四川	6	跳伞：女子集体定点；拳击：女子64公斤级；游泳（跳水）：男子10米跳台（世界杯）、女子10米跳台（奥运会）、女子10米跳台（世界杯）；乒乓球：女子团体（世锦赛）
重庆	6	国际象棋：女子团体；游泳（跳水）：女子双人3米跳板（世界杯）、女子双人3米跳板（奥运会）、女子3米跳板（世界杯）、女子3米跳板（奥运会）；跆拳道：女子团体
吉林	5	自行车：女子场地团体竞速赛；滑冰（短道速滑）：男子1500米、男子全能、男子5000米接力；武术（散打）：女子56公斤级
陕西	5	健美操：5人操、团体项目；掷球：女子大金属地掷球单人连续抛击、女子大金属地掷球双人接力连续抛击；武术（散打）：男子75公斤级
河北	4	武术（套路）：第三套国际武术竞赛套路女子太极剑；射击：女子移动靶混合速团体、女子移动靶标准速团体、男子50米手枪慢射
湖北	4	跳伞：女子集体定点；游泳（跳水）：女子双人10米跳台（世界杯）、女子双人10米跳台（奥运会）；羽毛球：女子团体

续上表

单位	冠军数/个	项目分布
湖南	4	举重：男子56公斤级总成绩、女子69公斤级总成绩；羽毛球：女子团体；田径：三级跳远
黑龙江	4	田径：男子20公里竞走、男子20公里竞走团体；滑冰（短道速滑）：女子500米、男子5000米接力
天津	4	排球：女子排球；健美操：5人操、团体项目；武术（套路）：自选套路女子太极拳
河南	4	武术（散打）：男子90公斤以上级；跳伞：女子集体定点；跆拳道：女子团体；排球：女子排球
云南	2	田径：男子20公里竞走团体；围棋：男子个人
江西	2	航海模型：C5；健美操：团体项目
石化体协	2	掷球：女子大金属掷球混合赛、女子大金属地掷球单人连续抛击
青海	1	田径：女子20公里竞走团体
山西	1	摔跤：女子自由式60公斤级
宁夏	1	武术（套路）：男子对练
前卫体协	1	武术（散打）：男子48公斤级

五、2017年我国运动员获得世界冠军的区域分布分析

2017年，我国优秀运动员共在24个大项中获得世界冠军。从各大项在我国各省区市的分布来看，共25个省市区及解放军队伍和航管中心获得世界冠军。具体分布如表4-16所示。

表 4-16　2017 年我国优秀运动员获得世界冠军区域分布

单位	游泳	武术	体操	跆拳道	航海模型	国际象棋	羽毛球	乒乓球	龙舟	潜水	射击	掷球	台球	围棋	桥牌	田径	帆船	滑冰	象棋	健美	柔道	滑雪	航空模型	滑翔
北京	√		√			√	√	√						√					√					
天津			√				√																	
河北	√	√													√									
山西	√																							
辽宁				√						√	√													
吉林									√									√						
黑龙江																		√				√		
上海	√	√	√			√		√			√		√	√										
江苏	√		√	√	√			√					√	√					√					
浙江	√	√	√	√	√	√				√		√												
福建		√	√			√											√							
安徽		√		√																				
江西				√										√										
山东	√	√			√			√		√	√										√			
河南																							√	
湖北	√																							
湖南			√																					
广东	√	√		√	√	√	√	√	√					√				√						
广西									√															
海南				√																				
重庆	√				√									√										
四川	√		√	√				√						√						√				
云南			√		√																			
陕西	√	√	√									√												
甘肃			√																					
航管中心																								√
解放军队伍								√									√							

从上述各大项世界冠军在我国各省区市的分布结果来看，只有武术和游泳2 个大项的世界冠军分布在 10 个省市以上，体操、跆拳道、航海模型和国际象棋 4 个大项的世界冠军分布在 5～9 个省市，还有 13 个大项的世界冠军只分布在 2～4 个省市中，健美、柔道、滑雪、航空模型、滑翔 5 个大项的世界冠军只分布在 1 个省份。相比 2015 年、2016 年各大项在各省的分布，2017 年各省在各大项获得世界冠军的数量再次减少。

同时，2017 年各大项的世界冠军分布较密集的依然是东南沿海省市，如福建、江苏、浙江、山东、上海和广东，这 6 个省市至少能在 5 个大项中获得世界冠军。其中广东是唯一一个在 10 个大项中都获得过世界冠军的省份；内陆地区只有北京和四川 2 个省市能够在 5 个大项以上获得世界冠军，其余省份都只在 1～4 个大项中获得世界冠军。而 2017 年未获得世界冠军的有 7 个省区，即台湾、青海、西藏、新疆、宁夏、内蒙古、贵州。此外，从 2017 年各大项在我国各地区的分布来看，华东、华南、华北地区是获得 2017 年世界冠军的主力，其次是东北、西南、华中地区，西北地区获得世界冠军的数量依然相对较少。

2017 年，我国优秀运动员共在 24 个大项中获得 106 个小项的世界冠军，从各省获得各小项世界冠军数量的分布来看，获得 20 个小项以上世界冠军的只有广东，获得 10～20 个小项世界冠军的是上海、浙江、北京 3 个省市。广东获得 23 个世界冠军。具体如表 4－17 所示。

表 4－17　2017 年各省获得各小项世界冠军数量

单位	冠军数/个	项目分布
广东	23	龙舟：成年公开组 2000 米环绕赛、成年女子组 200 米、成年公开组 200 米、成年混合组 200 米、成年公开组 500 米、成年混合组 500 米、成年混合组 1000 米；台球：斯诺克双人赛；航海模型：FSR－027、FSR－035；武术（套路）：男子南拳；武术（散打）：男子 65 公斤级；游泳（跳水）：男子 1 米跳板、男子 3 米跳板、男子双人 10 米跳台；潜水（蹼泳）：女子 4×100 米蹼泳接力、女子 50 米潜泳、男子 4×100 米蹼泳接力；体操（蹦床）：女子双人同步、女子网上团体、女子单跳团体；游泳（花样游泳）：自由组合；羽毛球：女子双打

续上表

单位	冠军数/个	项目分布
上海	16	射击：男子双多向飞碟；乒乓球：男子双打；台球：女子美式9球；航海模型：F2-B、F3-E、F1-V3.5、F3-V、F2-A、F4-C；桥牌：女子团体；武术（散打）：女子60公斤级；游泳（花样游泳）：自由组合；体操：女子高低杠；体操（蹦床）：女子单跳团体、男子网上团体、男子网上个人
浙江	12	掷球：女子大金属地掷球团体赛；航海模型：ECO-EXP、F5-10；国际象棋：男子团体；武术（套路）：男子枪术；武术（散打）：男子48公斤级；跆拳道：女子团体；体操（蹦床）：女子单跳个人、女子单跳团体；游泳：男子100米仰泳、男子400米自由泳、男子200米自由泳
北京	10	乒乓球：女子单打（世锦赛）、女子双打、男子单打；羽毛球：男子双打；体操：男子个人全能；游泳（花样游泳）：自由组合；中国象棋：男子个人、女子个人；国际象棋：男子团体；桥牌：女子团体
江苏	9	游泳：（花样游泳）自由组合；体操（蹦床）：男子单跳个人；跆拳道：男子63公斤级；台球：斯诺克双人赛；桥牌：女子团体；国际象棋：男子团体；龙舟：成年女子组12人2000米环绕赛、成年女子组12人200米；健美：男子健体174厘米组
山东	8	游泳（跳水）：混合双人10米跳台；柔道：女子78公斤以上级；射击：10米气步枪混合团体；国际象棋：男子团体；武术（散打）：男子56公斤级；龙舟：成年混合组1000米、成年混合组200米、成年混合500米
辽宁	8	射击：10米气步枪混合团体；跆拳道：女子团体；潜水（蹼泳）：男子100米器泳、男子4×100米蹼泳接力、女子400米蹼泳、女子100米器泳、女子800米蹼泳、女子200米蹼泳
四川	7	游泳（跳水）：混合双人10米跳台、女子双人10米跳台；游泳（花样泳）：自由组合；体操：男子双杠；乒乓球：女子单打；围棋：男子个人（LG杯）；航海模型：FSR-015
福建	6	羽毛球：男子双打；体操（蹦床）：女子单跳团体、女子网上团体；帆板：男子帆板RS：X级；武术（套路）：女子南拳；武术（散打）：女子56公斤级

续上表

单位	冠军数/个	项目分布
广西	5	潜水（蹼泳）：女子4×100米蹼泳接力、女子50米蹼泳、女子100米蹼泳、男子4×100米蹼泳接力、女子50米潜泳
黑龙江	4	滑冰（花样滑冰）：双人滑；滑冰（短道速滑）：女子500米、女子3000米接力；滑雪（单板滑雪）：女子U型场地单板雪上技巧
陕西	4	游泳（跳水）：男子双人10米跳台、女子双人10米跳台；掷球：女子大金属地掷球；武术（套路）：男子太极拳
重庆	3	游泳（跳水）：女子双人3米跳板；围棋：男子个人（春兰杯）；国际象棋：女子个人
河北	3	游泳（跳水）：混合双人3米跳板；田径：女子铅球；武术（套路）：男子刀术
天津	3	羽毛球：女子双打；体操（蹦床）：女子双人同步、女子网上团体
吉林	3	滑冰（短道速滑）：女子3000米接力；龙舟：成年公开组12人1200米环绕赛、成年公开组12人500米
云南	3	武术（套路）：女子八卦拳；武术（散打）：女子散打48公斤级；航海模型：FSR－07.5
山西	2	游泳（跳水）：混合双人3米跳板；体操（蹦床）：男子网上团体
湖北	2	游泳（跳水）：女子双人3米跳板；游泳（花样游泳）：自由组合
解放军队伍	2	田径：女子20公里竞走；乒乓球：男子双打
安徽	2	跆拳道：女子团体；武术（套路）：女子长拳
河南	2	武术（散打）：女子90公斤以上级；航空模型：F1C－自由飞类团体
江西	2	围棋：男子个人（三星杯）；跆拳道：女子团体
湖南	1	体操（蹦床）：女子网上团体
海南	1	跆拳道：女子团体
航管中心	1	滑翔：滑翔伞团体定点

六、2018 年我国运动员获得世界冠军的区域分布分析

2018 年，我国优秀运动员共在 22 个大项中获得世界冠军。从各大项在我国各省份的分布来看，共有 29 个省区市及总参体训局、解放军队伍、总政宣传部文化体育局和八一队获得过世界冠军。具体分布如表 4-18 所示。

表 4-18　2018 年我国优秀运动员获得世界冠军区域分布

单位	武术	射击	游泳	田径	举重	体操	国际象棋	乒乓球	跆拳道	羽毛球	赛艇	健美操	拳击	航空模型	潜水	五子棋	滑冰	滑雪	摔跤	跳伞	围棋	轮滑
北京			√			√	√	√		√												
天津					√	√						√										
河北	√	√	√	√		√																
山西		√	√			√																
内蒙古													√									
辽宁			√					√	√	√					√						√	
吉林	√																√	√				
黑龙江		√		√				√					√									√
上海	√	√	√			√	√	√				√	√									
江苏		√				√	√				√											
浙江	√	√	√		√	√	√		√	√												
福建	√	√			√	√					√											
安徽	√	√																				
江西					√				√													
山东	√	√	√					√	√			√				√						
河南	√			√									√		√						√	
湖北	√	√	√	√		√									√							
湖南					√	√					√											
广东	√		√			√			√	√			√		√							
广西															√							
新疆																				√		
重庆			√				√															

续上表

单位	武术	射击	游泳	田径	举重	体操	国际象棋	乒乓球	跆拳道	羽毛球	赛艇	健美操	拳击	航空模型	潜水	五子棋	滑冰	滑雪	摔跤	跳伞	围棋	轮滑
四川			√			√		√			√											
贵州						√																
云南				√																		
陕西	√	√	√										√									
甘肃	√																					
青海			√	√																		
海南									√													
总参体训局	√	√							√													
解放军队伍				√										√								
总政宣传部文化体育局								√														
八一队			√																			√

同时，2018 年获得世界冠军较密集的仍然是广东、浙江、上海、江苏、山东和辽宁等沿海省市，这 6 个省市依然至少能在 5 个大项以上获得世界冠军。内陆地区能在 5 个大项获得世界冠军的有北京、河北、河南和湖北 4 个省市，还有 19 个省区市只在 1～4 个大项中获得世界冠军。而 2018 年从未获得过世界冠军的只有西藏、宁夏、台湾 3 个省区，也是近几年来未获得世界冠军省份最少的一年。此外，从 2018 年各大项在我国各地区的分布来看，华南、华东、华北、华中、东北地区是获得 2018 年世界冠军的中坚力量，其余是西南和西北地区，其中，2018 年是西北地区近几年来获得各大项世界冠军数量最少的一次。

2018 年，我国优秀运动员共在 22 个大项中获得 114 个小项的世界冠军。从各省获得各小项世界冠军数量的分布来看，获得 10 个小项及以上世界冠军的包括上海、辽宁、广东、浙江、北京、福建 6 省市。具体分布如表 4－19 所示。

表4-19　2018年各省获得各小项世界冠军数量

单位	冠军数/个	项目分布
上海	18	乒乓球：男子团体；游泳（跳水）：女子双人10米跳台；射击：男子50米三姿步枪团体、女子10米气手枪团体、女子25米运动手枪团体；体操（蹦床）：男子网上个人；航空模型：高度火箭S1B、高度火箭S1B团体；国际象棋：女子个人、女子团体；武术（散打）：女子60公斤级；武术（套路）：女子陈氏太极拳；轮滑：男子速度过桩、男子花式绕桩、女子花式绕桩、男子花式对抗；五子棋；健美操：五人操
辽宁	16	滑雪（自由式滑雪）：女子空中技巧；跆拳道：女子团体；潜水（蹼泳）：女子200米蹼泳、女子400米蹼泳、女子800米蹼泳（世界杯）、女子400米蹼泳（世界杯）、男子100米器泳、男子400米器泳、女子800米蹼泳（世锦赛）、女子400米蹼泳（世锦赛）；围棋：男子个人（LG杯）；羽毛球：男子团体、男子双打；游泳：女子4×200米自由泳接力、女子800米自由泳；乒乓球：女子团体
广东	14	赛艇：女子轻量级四人双桨；体操：女子平衡木；体操（蹦床）：团体全能；乒乓球：男子团体（世锦赛）、男子团体（世界杯）；跆拳道：男女混合团体；潜水（蹼泳）：女子100米器泳（世锦赛）、女子100米器泳（世界杯）；游泳（跳水）：男子双人10米跳台、男子10米跳台、男子双人3米跳板、男子3米跳板、混合全能；武术（套路）：男子南拳
浙江	14	射击：男子25米速射、男子10米气步枪团体、男子25米速射团体；举重：男子73公斤级总成绩；游泳：男子200米混合泳；蹦床：女子单跳个人、团体全能；羽毛球：混合双打、男子团体；国际象棋：男子团体；武术（散打）：男子48公斤级；武术（套路）：男子太极拳；跆拳道：女子团体；赛艇：女子轻量级四人双桨
北京	10	国际象棋：男子团体；羽毛球：男子团体、男子双打；乒乓球：男子团体（世锦赛）、女子单打、女子团体（世锦赛）、女子团体（世界杯）、男子团体（世界杯）；体操：男子鞍马；游泳（跳水）：女子双人10米跳台

续上表

单位	冠军数/个	项目分布
福建	10	举重：女子64公斤级总成绩；体操：男子团体；羽毛球：男子团体；武术（散打）：女子56公斤级；武术（套路）：女子南拳、女子太极拳；射击：女子移动靶混合速团体、女子移动靶标准速、女子移动靶标准速团体、女子25米运动手枪团体
山东	9	武术（散打）：男子56公斤级；武术（套路）：男子太极拳；五子棋；射击：男子50米三姿步枪团体；国际象棋：男子团体；乒乓球：男子团体；女子团体（世锦赛）；游泳（跳水）：混合双人10米跳台；乒乓球；游泳：女子4×200米自由泳接力
河南	9	赛艇：女子轻量级四人双桨；田径：女子50公里竞走团体；跳伞：跳伞特技、跳伞全能；航空模型：F2B-线操纵特技模型、火箭助推器、遥控滑翔机S8E/P；武术（套路）：男子陈氏太极拳；武术（散打）：男子90公斤以上级
总参体训局	7	武术（套路）：男子42式太极剑；跆拳道：男女混合团体、女子团体；射击：女子25米运动手枪团体、男子10米气步枪团体、男子25米速射团体、男子50米三姿步枪团体
河北	7	武术（套路）：男子刀术；游泳：女子4×200米自由泳接力；田径：女子铅球；射击：10米气步枪混合团体、男子10米气步枪团体；国际象棋：女子团体；游泳（跳水）：混合双人3米跳板
湖北	6	五子棋；游泳（跳水）：女子双人3米跳板；举重：女子76公斤级；武术（套路）：女子42式太极拳；田径：女子标枪；射击：男子25米速射团体
江苏	6	国际象棋：男子团体、女子团体；羽毛球：男子团体；体操：男子团体；体操（蹦床）：团体全能；射击：男子25米速射团体
四川	6	游泳（跳水）：混合全能；体操：男子双杠、男子团体；乒乓球：女子团体（世界杯）、女子团体（世锦赛）；赛艇：女子轻量级四人双桨

续上表

单位	冠军数/个	项目分布
广西	5	潜水（蹼泳）：女子50米潜泳（世界杯）、女子50米潜泳（世锦赛）、女子50米蹼泳、女子4×100米蹼泳接力、女子100米蹼泳
湖南	5	举重：男子67公斤级总成绩、女子71公斤级总成绩；体操（蹦床）：女子双人同步、团体全能；跆拳道：女子团体
天津	4	体操（蹦床）：女子双人同步、团体全能；举重：男子81公斤级总成绩；健美操：五人操
陕西	4	武术（套路）：男子太极拳；游泳（跳水）：男子双人10米跳台、混合双人10米跳台；射击：女子10米气手枪团体
黑龙江	4	乒乓球：女子团体（世锦赛）、乒乓球女子团体（世界杯）；拳击：女子81公斤级；射击：男子25米速射团体
安徽	4	武术（散打）：女子48公斤级；射击：女子移动靶混合速、女子移动靶混合速团体、女子移动靶标准速团体
重庆	3	国际象棋：女子团体；游泳（跳水）：女子双人3米跳板、女子3米跳板
青海	3	田径：女子50公里竞走团体、女子20公里竞走团体；射击：女子10米气手枪团体
解放军队伍	3	拳击：女子64公斤级、女子81公斤以上级；田径：女子20公里竞走团体
总政宣传部文化体育局	3	乒乓球：男子单打、男子团体（世界杯）、男子团体（世锦赛）
山西	3	射击：10米气步枪混合团体；游泳（跳水）：混合双人3米跳板；体操（蹦床）：团体全能
吉林	2	滑冰（短道速滑）：男子500米；武术（套路）：女子太极剑
江西	2	举重：女子87公斤级总成绩；跆拳道：女子团体

续上表

单位	冠军数/个	项目分布
云南	2	田径：女子20公里竞走团体；围棋：男子个人（三星杯）
新疆	1	摔跤：女子自由式57公斤级
内蒙古	1	拳击：女子重量级75公斤级
贵州	1	体操：男子团体
甘肃	1	武术（套路）：男子长拳
海南	1	跆拳道：男女混合团体
八一队	1	游泳：女子4×200米自由泳接力

七、2013—2018 年我国运动员获得世界冠军区域分布分析

2013—2018 年，我国运动员共在 39 个大项中获得世界冠军。从各大项在我国各省份的分布来看，共 30 个省市及解放军队伍、前卫体协、总参体训局和航空管理中心至少在一个大项中获得过世界冠军。其中，2013—2018 年，世界冠军分布在 10 省市以上的大项共 10 个。具体分布如表 4 – 20 所示。

表 4 – 20　2013—2018 年我国优秀运动员获得世界冠军区域分布

单位	武术	体操	射击	游泳	羽毛球	举重	田径	跆拳道	排球	乒乓球	航海模型	国际象棋	台球	龙舟	围棋	航空模型	潜水	摔跤	桥牌	健美操	赛艇	击剑	象棋	跳伞	滑雪	掷球	滑冰	网球	五子棋	自行车	帆船	滑冰	网球	健美	现代五项	技巧	门球	柔道	帆船	轮滑	滑翔
北京	√	√	√	√	√			√	√			√	√				√	√				√	√																		
天津	√	√		√	√												√											√													
河北	√		√	√		√							√		√																										
山西	√	√	√	√													√											√													
内蒙古	√																																								
辽宁	√		√	√	√			√	√	√				√	√		√	√	√			√			√																
吉林	√								√									√		√		√																			
黑龙江			√				√			√												√																			
上海	√	√	√	√	√				√	√	√	√				√			√	√			√	√									√								
江苏	√	√	√	√	√	√	√	√																				√	√												
浙江	√	√	√	√	√	√	√	√		√	√				√				√			√																			

续上表

单位	武术	体操	射击	游泳	羽毛球	举重	跆拳道	田径	排球	乒乓球	航海模型	国际象棋	台球	龙舟	围棋	航空模型	潜水	摔跤	桥牌	健美操	赛艇	击剑	象棋	跳伞	滑雪	掷球	五子棋	自行车	帆船	滑冰	网球	健美	现代五项	技巧	门球	柔道	帆船	轮滑	滑翔
福建	√	√	√		√	√			√									√										√											
安徽	√		√		√	√	√			√																													
江西					√			√							√																								
山东	√	√	√	√	√	√	√		√	√	√	√	√		√	√						√	√							√	√					√		√	
河南	√							√	√				√										√	√															
湖北	√		√	√	√	√	√	√	√						√								√	√							√								
湖南		√	√	√	√	√	√			√					√																								
广东	√	√	√	√	√	√	√	√			√				√													√			√								
广西	√	√		√																																			
新疆														√		√																							
重庆				√						√					√																								
四川	√	√	√	√				√	√	√		√			√							√		√	√														
贵州		√	√																																				
云南	√				√					√					√																								
西藏																																							
陕西	√	√	√	√																		√		√				√											
甘肃	√																																						
宁夏	√																																						
青海	√					√																																	
海南									√																														
总参体训局	√		√						√																														
解放军队伍	√	√		√	√	√	√		√																						√								
八一队			√																																				
前卫体协	√																																						
石化体协																													√										
航管中心																																							√
火车头体协																	√																						

从各大项 2013—2018 年的整体分布来看，武术、田径、羽毛球、射击、举重、游泳、体操、跆拳道和排球 9 个大项的世界冠军至少分布在 10 个省市以上。其中，武术项目的世界冠军更达到 23 个省市，这意味着武术项目是我国多省份具备夺冠能力的优势项目；其次是乒乓球、航空模型、航海模型、围棋、国际象棋、龙舟、潜水、台球、摔跤、桥牌和健美操 11 个大项的世界冠军，分布在 5 ～ 10 个省市；赛艇、击剑、滑雪、跳伞、象棋、掷球、五子棋、自行车、帆船、滑冰、网球、健美、现代五项 13 个大项的世界冠军都只分布在 2 ～ 4 个省市中，而仅能分布在 1 个省市的还有技巧、门球、柔道、帆板、轮滑和滑翔 6 个大项。

同时，2013—2018 年获取各大项世界冠军数量较多的 7 个省市为辽宁、江苏、浙江、广东、山东、上海、福建，他们的共同点为都是沿海省份，表明沿海地区是我国在各大项夺取世界冠军的中坚力量。获取世界冠军数较多的内陆省份包括四川、湖南、湖北、河北、北京 5 个省市。只有西藏和台湾 2 个省在 2013—2018 年未获得过世界冠军。此外，从各大项在我国各地区的分布来看，华东、华南、华北、华中地区是近几年获得各大项世界冠军的主力，其次是东北、西南地区。相对其他地区，西北地区虽然处于劣势地位，但近几年来获得世界冠军的数量不断上升。

2013—2018 年，我国优秀运动员共在 39 个大项中获得 401 个世界冠军。从各省份获取的世界冠军在各小项的分布来看，获取小项世界冠军最多的是广东省（66 项），获取 30 ～ 60 项小项世界冠军的有上海（57 项）、辽宁（40 项）、浙江（38 项）、山东（36 项）、江苏（36 项）、福建（34 项）、北京（33 项）；获取 20 ～ 29 项小项世界冠军的有湖南（29 项）、四川（28 项）、解放军队伍（25 项）、河南（21 项）；获取 10 ～ 19 项小项世界冠军包括湖北（19 项）、陕西（16 项）、河北（16 项）、安徽（15 项）、黑龙江（15 项）、吉林（14 项）、天津（14 项）、山西（13 项）、广西（12 项）；获取 10 项以下小项世界冠军的有 12 个省区市，而在 2013—2018 年从未获得世界冠军的只有西藏和台湾 2 个省区。各省获取各小项世界冠军具体如表 4 - 21 所示。

表4-21 2013—2018年各省获得各小项世界冠军数量

单位	冠军数/个	项目分布
广东	66	游泳（跳水）：男子3米跳板、女子1米跳板、女子3米跳板、男子双人3米跳板、男子双人10米跳台、男子10米跳台、混合团体、混合全能、男子团体、女子团体；游泳（花样游泳）：集合项目、自由组合；羽毛球：混合团体、女子团体、男子双打、女子双打；射击：女子10米气步枪、男子50米步枪卧射团体；乒乓球：男子团体、女子单打、女子双打、女子团体；潜水（蹼泳）：女子4×100米蹼泳接力、男子4×100米蹼泳接力、女子100米器泳、女子50米潜泳、女子50米蹼泳、男子400米器泳、女子50米双蹼；举重：女子53公斤级抓举、女子53公斤级挺举、女子53公斤级总成绩；航海模型：F2-C、F4-A、F4-B、C4、ECO-TEAM、FSR-027、FSR-035；武术（套路）：男子南刀、男子南拳、第三套国际武术竞赛套路女子太极剑；武术（散打）：男子56公斤级、男子65公斤级；龙舟：成年公开组200米、成年公开组500米、成年混合组200米、成年混合组500米、成年混合组1000米、成年女子组200米、成年女子12人组2000米绕标赛、成年公开组2000米环绕赛；现代五项：女子接力赛、女子团体赛；体操：女子平衡木；体操（蹦床）：团体全能、女子单跳团体、女子双人同步、女子网上团体、女子网上个人；田径：男子20公里竞走团体、女子20公里竞走；帆板：女子帆板RS：X级；台球：斯诺克双人赛；赛艇：女子轻量级四人双桨；跆拳道：男女混合团体
上海	57	游泳：女子200米蝶泳、女子4×100米混合泳接力；游泳（跳水）：女子双人3米跳板、女子双人10米跳台、女子团体；游泳（花样游泳）：双人项目、集体项目、自由组合；体操：女子高低杠；体操（蹦床）：男子网上团体、男子网上个人、女子单跳团体；乒乓球：男子单打、男子团体、男子双打、混合双打；航海模型：F1-E+1KG、F1-E-1KG、F3-E、F3-V、F3-V3.5、F1-V7.5、MONO I、F2-A、F2-B、F4-C、F5-10、C2；中国象棋：男子团体；国际象棋：女子团体；武术（套路）：女子陈氏太极拳；武术（散打）：男子56公斤级、女子52公斤级、女子60公斤级；羽毛球：女子团体、混合团体；台球：女子美式9球、美式台球；射击：男子双向飞碟、男子双多向飞碟、男子50米三姿步枪团体、女子10米气手枪团体、女子25米运动手枪团体；自行车：女子场地团体竞速赛、女子场地个人争先赛；健美操：5人操、团体项目；桥牌：女子团体；航空模型：高度火箭S1B、高度火箭S1B团体；国际象棋：女子个人、女子团体；轮滑：男子速度过桩、男子花式绕桩、女子花式绕桩、男子花式对抗；五子棋

续上表

单位	冠军数/个	项目分布
辽宁	40	武术（套路）：女子南拳；潜水（蹼泳）：男子100器泳、男子400米器泳、男子800米器泳、男子4×100米蹼泳接力、女子100米器泳、女子400米器泳、女子800米器泳、女子50米潜泳、女子200米蹼泳、女子400米蹼泳、女子800米蹼泳、女子1500米蹼泳、女子4×100米蹼泳接力、女子200米双蹼；摔跤：女子团体、女子自由式51公斤级、女子自由式72公斤级；乒乓球：女子双打、女子团体；羽毛球：男子团体、男子双打、女子双打、女子团体、混合团体；围棋：男子个人；滑雪（自由式滑雪）：女子空中技巧；桥牌：女子双人；龙舟：成年混合组200米、成年混合组500米、成年女子12人组2000米绕标赛、龙舟成年女子组2000米绕标赛；排球：女子排球；击剑：女子重剑团体；游泳：女子800米自由泳、女子4×200米自由泳接力、女子4×100米混合泳接力；跆拳道：女子团体、女子76公斤以上级；射击：10米气步枪混合团体
浙江	38	体操：女子高低杠；体操（蹦床）：女子单跳个人、女子单跳团体、团体全能；航海模型：ECO – EXP、ECO – TEAM、F5 – 10；武术（套路）：男子长拳、男子枪术、男子南拳、男子太极拳、自选套路女子太极剑；武术（散打）：男子48公斤级；游泳：男子100米仰泳、男子200米个人混合泳、男子200米自由泳、男子400米自由泳、男子800米自由泳、男子1500米自由泳、女子50米仰泳、女子4×100米混合泳接力；田径：女子撑竿跳高；射击：男子50米三姿步枪、男子50米三姿步枪团体、男子25米速射、男子25米速射团体、男子10米气步枪团体；掷球：女子大金属掷球准确抛击、女子大金属地掷球双人赛、女子大金属地掷球团体赛；国际象棋：男子团体；举重：男子69公斤级挺举、男子69公斤级总成绩、男子73公斤级总成绩；跆拳道：女子团体；羽毛球：混合双打、男子团体；赛艇：女子轻量级四人双桨

单位	冠军数/个	项目分布
山东	36	乒乓球：男子团体、女子团体、男子单打、男子双打、女子单打、女子双打；举重：女子75公斤级抓举、女子75公斤级总成绩；羽毛球：混合团体；桥牌：混合双人；武术（套路）：男子长拳、男子太极拳；武术（散打）：男子56公斤级、男子80公斤级、男子90公斤级；体操：男子团体；排球：女子排球；游泳：女子4×200米自由泳接力；游泳（跳水）：混合双人10米跳台；国际象棋：男子团体；柔道：女子78公斤级、女子78公斤以上级；航海模型：ECO-EXP、ECO-TEAM；台球：斯诺克双人赛；射击：男子50米手枪慢射、女子10米气手枪、10米气步枪混合团体、男子50米三姿步枪团体；击剑：女子重剑团体；健美：男子75公斤；掷球：女子大金属地掷球双人赛；龙舟：成年混合组1000米、成年混合组200米、成年混合500米；五子棋
江苏	36	羽毛球：混合团体、男子团体、女子团体；游泳：女子4×100米混合泳接力；游泳（跳水）：女子双人10米跳台、女子团体；游泳（花样游泳）：集体项目、自由组合；排球：女子排球、女子沙滩排球；武术（套路）：女子南拳、女子长拳；现代五项：女子接力赛、女子团体赛；体操：男子团体、男子双杠；体操（蹦床）：男子单跳个人、团体全能；国际象棋：男子团体、女子团体；射击：男子25米速射团体、女子移动靶混合速、女子移动靶混合速团体、女子移动靶标准速团体；技巧：男子四人团体；健美：古典健美75公斤级、男子健体174厘米组；击剑：女子重剑团体；田径：男子20公里竞走团体、女子20公里竞走团体；跆拳道：男子58公斤级、男子63公斤级；台球：斯诺克双人赛；桥牌：女子团体；龙舟：成年女子组12人2000米环绕赛、成年女子组12人200米

续上表

单位	冠军数/个	项目分布
福建	34	羽毛球：混合团体、男子团体、男子单打、男子双打；体操：男子双杠、男子团体、女子高低杠；体操（蹦床）：男子单跳个人、女子网上个人、女子双人同步、女子单跳团体、女子网上团体；射击：女子50米三姿步枪、女子25米运动手枪、女子25米运动手枪团体、女子移动靶混合速团体、女子移动靶标准速、女子移动靶标准速团体；举重：女子53公斤级抓举、女子58公斤级抓举、女子63公斤级抓举、女子63公斤级挺举、女子63公斤级总成绩、女子64公斤级总成绩；摔跤：女子团体；武术（套路）：男子南刀、男子太极拳、自选套路男子太极拳、女子太极拳、女子南拳；武术（散打）：女子56公斤级；拳击：女子81公斤级；排球：女子排球；帆板：男子帆板RS：X级
北京	33	羽毛球：混合团体、混合双打、男子团体、男子双打；乒乓球：男子团体、男子单打、女子团体、女子单打、女子双打；跳伞：女子个人全能、女子集体定点；射击：女子25米运动手枪团体；游泳（跳水）：男子3米跳板、男子双人3米跳板、男子双人10米跳台、男子团体、女子双人10米跳台；游泳（花样游泳）：集体项目、自由组合；台球：女子美式9球、美式台球；中国象棋：男子个人、女子个人、男子团体；国际象棋：男子团体、女子团体；排球：女子排球；武术（套路）：自选套路男子太极剑；跆拳道：女子团体；健美操：团体项目；体操：男子个人全能、男子鞍马；桥牌：女子团体
湖南	29	举重：女子48公斤级抓举、女子48公斤级挺举、女子48公斤级总成绩、男子56公斤级抓举、男子56公斤级总成绩、男子62公斤级挺举、男子62公斤级总成绩、男子67公斤级总成绩、男子85公斤级抓举、女子69公斤级抓举、女子69公斤级挺举、女子69公斤级总成绩、女子71公斤级总成绩；游泳（花样游泳）：双人项目、集体项目、自由组合；羽毛球：女子双打、女子团体、混合团体；龙舟：成年女子12人组2000米绕标赛、成年混合组500米、成年混合组200米；体操（蹦床）：女子单跳团体、女子网上团体、女子双人同步、团体全能；航海模型：FSR－E；田径：三级跳远；跆拳道：女子团体

续上表

单位	冠军数/个	项目分布
四川	28	游泳（跳水）：男子10米跳台、男子团体、混合全能、混合双人10米跳台、女子10米跳台、女子双人10米跳台；游泳（花样游泳）：集体项目、自由组合；武术（套路）：男子南棍；乒乓球：女子单打、女子双打、女子团体；射击：男子50米三姿步枪团体、男子10米气手枪团体、男子50米步枪卧射团体、男子50米手枪慢射团体、男子10米气步枪团体；中国象棋：男子团体、男子个人；排球：女子排球；台球：斯诺克双人赛；航海模型：FSR－O15；跳伞：女子集体定点；拳击：女子64公斤级；体操：男子团体、男子双杠；围棋：男子个人；赛艇：女子轻量级四人双桨
解放军队伍	29	游泳：男子100米自由泳；游泳（跳水）：男子1米跳板、女子团体、女子10米跳台、混合团体；摔跤：女子团体；举重：男子56公斤级抓举、男子69公斤级抓举、男子69公斤级挺举、男子69公斤级总成绩、女子75公斤级抓举；乒乓球：男子团体、男子单打、男子双打；羽毛球：男子单打、女子团体、混合团体；滑冰（速滑）：女子1000米；滑冰（短道速滑）：男子5000米接力；体操：男子团体、男子吊环；现代五项：女子团体赛；排球：女子排球；武术（散打）：男子85公斤级；跳伞：女子集体定点；田径：女子20公里竞走、女子20公里竞走团体；拳击：女子64公斤级、女子81公斤以上级
河南	21	排球：女子排球；武术（套路）：男子陈氏太极拳、男子太极剑；武术（散打）：男子66公斤级、男子75公斤级、男子90公斤以上级、女子90公斤以上级；航空模型：S8EP、S8EP单项团体、F2B－线操纵特技模型、F2B－线操纵特技模型团体、F1C－自由飞类团体、火箭助推器、遥控滑翔机S8E/P；台球：女子美式9球；跳伞：女子集体定点、跳伞特技、跳伞全能；跆拳道：女子团体；赛艇：女子轻量级四人双桨；田径：女子50公里竞走团体
湖北	19	游泳：女子50米仰泳；游泳（跳水）：女子双人3米跳板、女子双人10米跳台、女子团体；游泳（花样游泳）：自由组合；围棋：男子个人；跳伞：女子集体定点；羽毛球：女子双打、女子团体、混合双打、混合团体；潜水（蹼泳）：女子50米双蹼、女子400米蹼泳；网球：女子单打；五子棋；举重：女子76公斤级；武术（套路）：女子42式太极拳；田径：女子标枪；射击：男子25米速射团体

续上表

单位	冠军数/个	项目分布
陕西	16	游泳（跳水）：女子10米跳台、女子双人10米跳台、男子双人3米跳板、男子双人10米跳台、混合双人3米跳板、混合双人10米台；武术（套路）：男子太极拳；武术（散打）：男子75公斤级、女子70公斤级；掷球：女子大金属地掷球、女子大金属地掷球双人赛、女子大金属地掷球单人连续抛击、女子大金属地掷球双人接力连续抛击；健美操：5人操、团体项目；射击：女子10米气手枪团体
河北	16	射击：男子10米气步枪、男子10米气步枪团体、男子50米手枪慢射、男子50米手枪慢射团体、男子移动靶混合速、男子10米气手枪团体、女子移动靶混合速团体、女子移动靶标准速团体、10米气步枪混合团体；武术（套路）：男子刀术、女子剑术、第三套国际武术竞赛套路女子太极剑；游泳：女子4×200米自由泳接力；游泳（跳水）：混合双人3米跳板；田径：女子铅球；国际象棋：女子团体
安徽	15	射击：女子移动靶混合速、女子移动靶混合速团体、女子移动靶标准速团体；武术（套路）：女子长拳、女子枪术；武术（散打）：男子70公斤级、女子48公斤级、女子75公斤级；龙舟：成年女子组12人2000米绕标赛、成年公开组200米、成年混合组500米、成年混合组200米；举重：女子75公斤以上级总成绩；田径：女子20公里竞走团体；跆拳道：女子团体
黑龙江	15	滑冰（速滑）：女子短距离全能；滑冰（短道速滑）：男子5000米接力、女子全能、女子500米、女子1000米、女子3000米接力；滑冰（花样滑冰）：双人滑；围棋：男子个人；滑雪（单板滑雪）：女子U场地单板雪上技巧；中国象棋：女子个人；田径：男子20公里竞走、男子20公里竞走团体；乒乓球：女子团体；拳击：女子81公斤级；射击：男子25米速射团体
吉林	14	滑冰（短道速滑）：男子500米、男子1500米、男子全能、男子5000米接力、女子500米、女子1500米、女子3000米接力；滑雪（自由式滑雪）：男子空中技巧；武术（散打）：女子56公斤级、女子60公斤级；自行车：女子场地团体竞速赛；龙舟：成年公开组12人1200米环绕赛、成年公开组12人500米；武术（套路）：女子太极剑

续上表

单位	冠军数/个	项目分布
天津	14	举重：男子77公斤级抓举、男子77公斤级挺举、男子77公斤级总成绩、男子81公斤级总成绩；网球：女子双打；国际象棋：男子团体；体操（蹦床）：女子双人同步、女子网上团体、团体全能；排球：女子排球；健美操：5人操、团体项目；武术（套路）：自选套路女子太极拳；羽毛球：女子双打
山西	13	体操（蹦床）：男子网上个人、男子网上团体、男子双人同步、团体全能；射击：男子50米手枪慢射、男子50米手枪慢射团体、男子10米气手枪团体、10米气步枪混合团体；乒乓球：女子团体；门球；击剑：女子重剑团体；摔跤：女子自由式60公斤级游泳（跳水）：混合双人3米跳板
广西	12	举重：女子48公斤级抓举、女子48公斤级总成绩、女子58公斤级总成绩；潜水（蹼泳）：男子4×100米蹼泳接力、女子4×100米蹼泳接力、女子50米蹼泳、女子100米蹼泳、女子50米潜泳；体操（蹦床）：男子网上团体；羽毛球：女子团体、混合团体；武术（套路）：男子42式太极拳
重庆	7	游泳（跳水）：女子3米跳板、女子双人3米跳板、女子团体；围棋：男子个人；国际象棋：男子团体、女子团体、女子个人；跆拳道：女子团体
云南	7	射击：男子50米步枪卧射团体；田径：男子20公里竞走团体、女子20公里竞走团体；围棋：男子个人；武术（套路）：女子八卦拳；武术（散打）：女子散打48公斤级；航海模型：FSR－O7.5
总参体训局	7	武术（套路）：男子42式太极剑；跆拳道：男女混合团体、女子团体；射击：女子25米运动手枪团体、男子10米气步枪团体、男子25米速射团体、男子50米三姿步枪团体
江西	6	跆拳道：女子团体；举重：女子87公斤级总成绩；围棋：男子个人；航海模型：C5；、航空模型：FIC－自由飞类团体；健美操：团体项目
青海	4	田径：女子20公里竞走团体、女子50公里竞走团体；武术（散打）：女子散打56公斤级；射击：女子10米气手枪团体

续上表

单位	冠军数/个	项目分布
新疆	3	摔跤：女子自由式 57 公斤级；航空模型：F2B – 线操作特技模型团体、FIC – 自由飞类团体
总政宣传部文化体育局	2	乒乓球：男子单打、乒乓球男子团体
内蒙古	2	武术（散打）：男子散打 48 公斤级；拳击：女子拳击重量级 75 公斤级
宁夏	2	武术（套路）：女子棍术、男子对练
贵州	2	体操：男子团体；射击：女子 50 米步枪卧射团体
海南	2	跆拳道：男女混合团体、跆拳道女子团体
石化体协	2	掷球：女子大金属掷球混合赛、女子大金属地掷球单人连续抛击
航管中心	2	滑翔：滑翔伞团体定点、男子滑翔伞个人定点
甘肃	1	武术（套路）：男子长拳
前卫体协	1	武术（散打）：男子散打 48 公斤级
八一队	1	游泳：女子 4×200 米自由泳接力
火车头体协	1	摔跤：女子团体

综上所述，我国运动员获得世界冠军的数量在 2013 年、2014 年、2015 年、2016 年、2017 年、2018 年，分别为 22、22、25、23、24 和 22 个大项的世界冠军，基本上每年都能在 20 个大项以上获得世界冠军。该数据可以看出，在国际赛场上我国竞技体育的综合实力是相对较强的；从获取小项世界冠军的数量变化来看，分别获得 124 个、98 个、127 个、107 个、106 个和 118 个，获得最多小项世界冠军的是在 2015 年，共获得 127 个，最少的是 2014 年共 98

个，两者之间相差了 29 个，整体上获取小项世界冠军的数量存在较大起伏；从各大项在各省区市分布来看，2013—2018 年分别分布在 23、26、26、23、24 和 29 个省市中，该分布表明我国多省都具有较强的获取世界冠军的实力，尤其是 2018 年达到了 29 个省市获得世界冠军；从沿海和内陆地区的分布来看，沿海省份是 2013—2018 年获得世界冠军的绝对力量，基本上每年获取世界冠军的数量接近全国的一半，而内陆地区实力比较强劲的有北京、四川、湖南、湖北、河南和河北等省市，世界冠军分布呈现由沿海至内陆中部和西北部逐渐递减的趋势。

第五节　我国竞技体育核心竞争力发展中的本源问题

一、我国竞技体育的区域布局问题

1. 区域经济不均衡制约着竞技体育的发展

我国各地区经济发展的速度与程度参差不齐，而发展竞技体育需要财政投入，所以导致竞技体育发展具有差异性。经济状况较好的地区，竞技体育也处于领先位置，反之，竞技体育较差的地区，经济也存在不足，综合来看，经济与竞技体育是一一对应的。我国竞技体育发展不均衡，与我国经济发展不平衡有着密切的关系，竞技体育的发展受经济制约较大，而经济在从计划经济向市场经济转型的过程中，同样受多重因素的影响。从我国竞技体育总体来看，在国际性的比赛中，竞技水平提升较快，反观国内竞技比赛，各地区的竞技水平差异巨大。全运会成绩是我国区域竞技体育水平最直观的反映，值得注意的是，由于官方没有向外公布第 13 届全运会的金牌排行榜，强调摒弃"唯金牌论"，所以笔者没有对第 13 届全运会金牌榜进行对比。但通过对第 10 届至第 12 届全运会的官方金牌榜进行分析，可以从中发现（见表 4 - 22），在 12 年（2005—2013 年）的比赛间隔内，金牌分布近乎一致，尤其是前 8 名的队伍排名，只有一个相对的变化，这是长期发展竞技体育产生的"马太效应"。从全运会奖牌的分布看，竞技体育发展良好的省份集中在沿海经济发达地区，广东、山东和江苏都是奖牌榜上的前三名常客。[①] 从我国各省区市的地区生产总值来看，广东、山东、江苏3个省的地区生产总值经常名列前三名，处于我国领先水平。从我国目前的经济布局来看，大致分为四个地区，最发达的是东部沿海地区，其次是中部地区与东北部地区，最后是西部地区。对于各地区未来发展的战略而言，东部沿海地区率先发展，之后带动中部发展，促进东北部复兴，同时大力支持西部地区发展，各地区相互协作，共同促进我国经济可持续发展。[②] 这样的政策对竞技体育起到了一定的推动作用，各地方政府支持竞技体育、重视学校体育、群众积极参与体育，是我国体育事业发展的关键所在。对体育事业的支持，主要表现在地区生产总值、政府资助体育馆数目、财政拨款额、体育培训经费、社会公益指导员五个方面。对于区域竞技体育来说，运动员成绩、竞技体育人才的储备是运动员发展与创造成绩的重要因素，优秀运动员储备得越多，教练人员执教的水平越高，区域竞技体育的整体发展程度才会越高，只有地区经济稳定发展，这些因素水平才会逐步上升。

表4-22 第十、十一、十二届全运会金牌榜前8名

排名	第十届		第十一届		第十二届	
	代表团	金牌	代表团	金牌	代表团	金牌
1	江苏	56	山东	63	山东	65
2	广东	46	江苏	48.5	辽宁	56
3	山东	42	辽宁	48	广东	50.5
4	北京	32	广东	45	上海	45
5	辽宁	31	上海	41	江苏	45
6	浙江	29	北京	30	浙江	35
7	上海	26	黑龙江	23.5	北京	33
8	福建	17	天津	23	黑龙江	22

① 丛冬梅：《我国东部区域体育事业发展优势与发展战略分析》，载《体育与科学》2013年第34卷第4期，第74-78页。

② 马德浩：《我国区域竞技体育协调发展研究》，载《体育成人教育学刊》2016年第32卷第2期，第54-57页。

2. 自然区域的差异性影响竞技体育人才的发展

我国不同省区市不同的地理条件是影响竞技体育人才区域分布差异的重要原因。一些欧美社会运动研究者认为：区域竞技体育人才分布的差异性主要受生长区域、遗传、环境等因素的影响。[①] 竞技体育项目多以运动员自身水平为基础，以竞赛技术为辅助，运动员自身的运动能力在竞技比赛中起着非常重要的作用。此外，根据人类遗传学观点，不同地区的人类身体质量和灵活度也存在很大的差异。因此，我国自然地理条件分布的不平衡，客观地导致了竞技体育人才资源的区域差异。

我国竞技体育自然区有三个代表地区，分别是东部、中部以及西部。东部地区主要是沿海经济发展较快的省市，该地区竞技体育环境、人才以及训练均有很大优势，是我国竞技体育发展的代表；中部地区多为重工业开发省市，矿产资源丰富，竞技体育人才也较多，但相对于东部地区来说，仍存在着很大的差距；西部地区大部分省区经济相对落后，发展速度较慢，使得竞技体育人才较为匮乏，只有在一些具有地区和民族特色的体育项目上，体育人才才相对多一些。由此可见，自然因素是造成竞技体育人才不均衡的关键因素，对我国竞技体育发展具有至关重要的影响。

3. 社会人口结构制约着竞技体育的发展

人口是社会形成的基础，也是社会活动的实践者，是一个国家最基本的组成部分。充分重视社会人口的数量以及年龄结构对竞技体育的发展有重要意义。我国地域辽阔，不同地区的条件都存在着较大的不同，进而导致各个地区的人口年龄结构、文化水平、从事职业和发展结构差异较大，东西部对比尤为明显。[②] 从年龄结构来看，我国人口区域呈老龄化态势，随着老龄化的加剧，社会面临的劳动力问题越来越突出，由于青壮年劳动力比例减少，人口增长潜力不足，总人口出现负增长的概率增加；从文化结构来看，我国六大地区人口文化水平高低存在差异，各地区的竞技体育发展情况也受到这方面的影响；从职业结构来看，各国家地区经济水平与发展模式不同，造成人口与产业结构不

① 刘彬、左斌、洪旺：《浅谈我国竞技体育人才资源的区域差异性》，载《中国人才》2011年第7期，第209－210页。

② 陈颖、殷樱、夏崇德：《社会人口结构与竞技体育关系研究》，载《武汉体育学院学报》2006年第12期，第19－26页。

同。社会人口的职业分布与人们的收入、三大产业的价值、可利用的时间、人们的消费习惯、"三观"等因素密切相关，而经济收入是制约竞技体育发展的重要因素。因此，区域竞技体育的最大贡献是社会人口结构，这是有迹可循的。

随着我国区域社会体育人口素质的提高，资源结构的全面优化，区域体育人口资源的配置更加合理，这对促进全民健康起积极作用。同样，区域竞技体育的快速发展对均衡和优化人口结构起促进作用，对提高国民整体素质和改善物质文化生活具有重要作用。

4. 盲目性和比较性造成我国竞技体育区域布局缺乏调控

我国地大物博，在社会文明传承发展过程中，各地区形成了自身独特的文化特征。各地区利用自身的优势，发展出各具特色的地区城市文明，在我国竞技体育布局的统一战略指导下，竞技体育的布局呈多元化。从竞技体育总体布局来看，盲目性和比较性是其中最显著的特性。具体表现在如下几个方面：第一，现阶段区域竞技体育发展各自为政，计划性较差，争相发展本土特色的体育，没有协同发展的理念。① 从宏观角度和区域战略布局来看，我国体育发展的最终愿景是建设体育强国，但由于我国市场经济制度的不健全，受体育政绩观的影响，各个区域过分强调"奥运争光"及"全体育"发展方向，且过分尊崇"唯金牌论"和"唯功利论"，这就束缚了竞技体育资源的互享，各种因素的流动也受到局限，无法得到充分的利用，这与我国经济、社会发展相违背。第二，就现阶段而言，导致我国竞技体育发展出现失衡的主要原因是各区域之间盲目攀比、缺少协同合作。在众多的经济影响因素中，宏观经济、知识经济、产业经济、政府作用、发展水平和人力资源竞争力这六大经济因素都离不开区域竞技体育的发展。② 在我国市场经济制度的背景下，竞技体育制度的不完善，导致俱乐部、体育产业和体育市场三方面的发展存在很多的弊端和误区。并且，地方政府在体育建设上有着盲目性和攀比性，有人甚至想把竞技体育发展成为谋求政绩的工具。"大而全"的体育场馆建设与储备材料过度消费

---

① 黄爱峰：《多元文化背景下的中国体育区域规划》，载《天津体育学院学报》2007 年第 22 卷第 4 期，第 303－306 页。

② 邹师：《区域体育发展战略：实现体育强国目标的必然途径》，载《体育文化导刊》2012 年第 4 期，第 1－4 页。

了体育事业多元化的文化特点，虽然使区域体育事业有效地丰富发展和壮大，但也浪费了大量的财力和物力。造成这种弊端的原因是各区域以自我为中心，以满足自己的便利性为重点，导致物质资源浪费严重，没有与其他区域形成相互联系、合作共赢的关系。

5. 市场体系的不完善导致竞技体育资源开发效率低下

我国的竞技体育是长期计划经济体制的产物，其发展深受计划经济和长期规划的影响。但随着我国经济社会进一步迅速发展，市场经济也逐步成熟并进一步发展，出现了计划经济和市场经济双轨并存的局面。我国的竞技体育发展正渐渐进入市场经济体制。在深入进行经济体制改革时，竞技体育体制、法律规定等许多领域出现真空，竞技体育与计划制度和市场体系之间存在着不可避免的矛盾与冲突。然而，我国竞技体育的计划性惯性使得我国竞技体育难以开展市场化改革，导致竞技体育发展出现困难，这与我国经济体制改革相违背。在举国体制模式下，各方资源都以国家利益为重，国家体育总局调配资源力量发展，国家财政配置各类软硬件设施，优秀的教练着重于选择、培训和培养优秀的运动员参加各种国际比赛。在传统的金牌至上理念指导下，这种培训模式在我国特殊发展时期对竞技体育的发展起着重要作用。然而，这种模式随着时间的推移，对运动员的长期发展和商业市场开拓，以及社会参与体育的热情产生负面作用，影响了市场规模的扩大和竞技体育资源的可持续发展。在市场经济发展的新阶段，我国竞技体育涌现出许多新资源，但受传统竞技体育发展观的影响，这些新资源没有得到有效的开发和利用。一方面，在竞技体育制度不完善的情况下，竞技体育市场过度开发会对竞技体育发展造成不良的影响，只有完善市场化制度，才能使我国竞技体育在一定程度上实现协调、可持续发展。虽然从长期发展的角度来看，这样解决问题是可以的，但在短期内，我国体育总体水平可能会大幅度降低，这与我国竞技体育的政治目标之间存在冲突。另一方面，一些不受欢迎的、市场开发空间较小的体育项目，如水上运动、冰上运动、高尔夫运动等，要想在校园、社会中全面地开展是很困难的，这必然会对竞技水平产生一定的不利影响。尽管近几年来我国经济快速发展，但是与发达国家相比仍然存在着明显的不足，如区域发展不均衡，人均资源利用率较低，这些都导致以市场为主导的系统无法有效地完全发展。国家制度和市场引导体制缺乏系统、科学和深入的整合，是区域竞技体育发展产生矛盾的关键原因。

二、我国竞技体育的项目集群结构问题

1. 近 3 届奥运会项目群体划分问题

近 3 届奥运会我国优势、潜优势、待发展项目集群如表 4 – 23 所示。

表 4 – 23　近 3 届奥运会我国优势、潜优势、待发展项目集群一览

届次	优势项目集群	潜优势项目集群	待发展项目集群
29	羽毛球、乒乓球、举重、艺术体操、排球、跳水、花样游泳、射击、蹦床、沙滩排球、曲棍球、射箭、竞技体操	击剑、帆船帆板、跆拳道、游泳、皮划艇/静水、柔道、摔跤、田径、场地自行车、拳击、网球、赛艇	篮球、小轮车、马术、皮划艇/激流、山地自行车、现代五项、足球、公路自行车、手球、铁人三项、手球
30	乒乓球、举重、羽毛球、蹦床、射击、游泳、击剑、跳水、跆拳道、射箭、竞技体操、花样游泳	摔跤、帆船帆板、场地自行车、田径、赛艇、柔道、拳击	排球、艺术体操、网球、曲棍球、山地自行车、手球、足球、篮球、铁人三项、皮划艇/静水、皮划艇/激流、小轮车、现代五项、沙滩排球、公路自行车、马术
31	射击、花样游泳、羽毛球、蹦床、举重、跳水、排球、跆拳道、乒乓球	赛艇、柔道、摔跤、田径、竞技体操、场地自行车、帆船帆板、拳击、游泳、击剑	曲棍球、小轮车、网球、铁人三项、足球、水球、手球、篮球、山地自行车、皮划艇/激流、皮划艇/静水、现代五项、沙滩排球、公路自行车、马术、艺术体操、射箭

通过对表 4 – 23 中的内容进行分析，可以清晰地看出在 3 届奥运中我国竞技体育优势项目、潜优势项目、待发展项目的分布都是不同的。其中，第 29 届奥运会我国的优势项目共有 13 个，包含竞技体操、跳水、乒乓球、举重及羽毛球等；潜优势项目有 12 个，如柔道、游泳、跆拳道、击剑等；待发展

项目包括篮球、小轮车、马术、皮划艇/激流、山地自行车等共 11 个。同样，我国第 30 届、第 31 届奥运会也有优势项目集群、潜优势项目集群、待发展项目集群。

（1）优势项目集群数量不断减少，但传统优势项目集群表现稳定。以奥运会优势项目集群数据来看，我国优势项目在近 3 届奥运会期间有着较大幅度的变化，第 29 届、第 30 届、第 31 届分别为 13 项、12 项、9 项，正在逐届递减。其中，乒乓球、羽毛球和举重等老牌优势项目在近 3 届奥运会中比赛成绩非常稳定，其优势项目的地位一直没有改变。特别是，在第 29 届、第 30 届这两届奥运会上，由于林丹的出色表现，我国羽毛球项目夺金率较高，即便在第 31 届奥运会上所取得的成绩不够理想，金牌与其他奖牌数量减少，然而我国在第 31 届奥运会羽毛球项目综合成绩仍处在世界第一的位置，依然属于我国传统的优势项目，但是我国曾经非常具有优势的艺术体操、竞技体操成绩一落千丈，从此竞技体操从我国的优势项目转变为潜优势项目，艺术体操则直接从我国的优势项目转变为待发展项目，这是非常触目惊心的退步。排球和射箭逐步进入优势项目，但是目前还处在一个不稳定的状态。因此，从我国目前竞技实力逐年下滑、优势项目不断减少的发展趋势来看，不仅要分析金牌率下降的原因，还要及时调整策略，力争在东京奥运会上再创辉煌。[1] 在近 3 届奥运会上，我国竞技体育能够较为稳定地夺金的项目有举重、射击，花样游泳的奖牌获取率在近 3 届奥运会上都呈逐渐上升的趋势，表明它的竞技能力在稳步上升。

（2）部分潜优势项目虽然有突破，但竞技力量仍然薄弱。游泳、击剑项目情况较不稳定，虽然在第 30 届奥运会上加入了优势项目群体，但竞技力量仍然薄弱，在第 31 届奥运会上又变成了潜优势项目集群。跆拳道项目竞技表现良好，成为优势项目。数据显示，我国在第 30 届奥运会上的奖牌数量排在第 2 位，其中，柔道、拳击、田径、场地自行车、帆船帆板及赛艇都属于潜优势项目，与其他 5 项相比，拳击项目在近 3 届奥运会表现不错，这表明以后拳击发展成为优势项目的可能性很大。田径比赛的奖牌获取率也有上升趋势，表

---

[1] 胡文强、李思民、刁嘉慧等：《比较优势理论下我国备战东京奥运会项目布局研究》，载《安徽体育科技》2019 年第 40 卷第 6 期，第 5－9 页。

明我国的田径运动员的竞技能力在逐步提高。尽管我国众多潜优势项目有所突破，但我国整体竞技力量仍然薄弱。

（3）待发展项目增多，导致我国奥运会总体成绩下降。第29届奥运会待发展项目共有11个，到第30届、第31届分别增加到18个、17个。近3届奥运会的待发展项目，如足球、铁人三项、小轮车、马术、篮球、公路自行车、现代五项等，有11项连续3届奥运会奖牌数为0，说明我国这11个竞技体育项目的竞技水平是尤为薄弱的，与美国等体育强国仍然存在一定的差距；另外，还有部分潜优势项目、优势项目变为待发展项目，这也是导致我国近2届奥运会整体成绩下滑的重要原因之一。数据显示，我国待发展项目数量在近3届奥运会期间逐年增加，情况不容乐观，其中成绩最好的一届是第29届奥运会，这届奥运会也是我国竞技体育待发展项目最少的一次。近3届奥运会中，特别要关注网球、射箭、艺术体操、皮划艇、曲棍球5个待发展项目，其中3个项目是第29届奥运会的优势项目，另外2个项目以前属于潜优势项目。

2. 竞技体育优势项目集群结构问题

（1）优势布局与美国、俄罗斯"错位"明显。在美国，主要的竞技运动是田径、游泳和团体球类运动（尤其是三大球类运动）。俄罗斯的主要运动是摔跤、田径、体操以及花样游泳，成绩优异。我国的优势项目都避开了美国和俄罗斯的优势项目，与美国和俄罗斯形成了明显的"错位发展"。[①] 造成这种"错位"优势的原因很多，这不仅与我国竞技体育项目的文化历史和自然发展因素有关，还与种族差异等因素有关，也是体育管理者为了暂时避开美国、俄罗斯发展竞技策略的考虑。目前，"错位发展"战略极大地提高了我国的竞技水平，不仅让我国在第29届奥运会上取到了金牌榜第一的位置，还提高了我国国际体育话语权，但也极大地暴露了我国优势项目发展过程中的弱点。如果要想成为"体育强国"，我国就必须敢于冲击美国、俄罗斯等国家的优势项目，重点是要不断地发展经济，加大对基础大项田径和游泳的各方面投入，从而全面提高竞技体育发展的综合实力。

---

① 余银、高平：《我国奥运优势项目发展现状与布局重构》，载《武汉体育学院学报》2010年第44卷第10期，第83–88页。

（2）地域性发展不平衡问题严重。最近几年的金牌数据显示①，我国近 3 届参加奥运会比赛获得的金牌数量较多，竞技体育实力较强的省份有：辽宁 16.5 枚，江苏 10.5 枚，广东 10 枚，山东 9 枚；获得金牌较少的省份有：陕西 3 枚，江西 3 枚，贵州 2 枚，内蒙古 1 枚。大部分省份每届获得奖牌的数量并不多，并且均是该竞技体育项目的单个运动员，呈现出后继无力的现象。近 3 届奥运会，我国从未获得金牌的省份有西藏、新疆、甘肃和青海等，均为我国西部较落后的地区，并存在地理条件恶劣、经济发展程度以及文化程度偏低等问题。整体的竞技格局呈现为"东强、中次、西（北）弱"，分别是准强型、较强型、次强型和弱强型区域。②

在体育强国战略落实的过程中，加强体育强省建设是一项非常重要的举措，对推动战略目标的实现尤为重要，体育强省建设要主动融入"一干多支"整体发展格局，实现我国竞技体育综合实力的不断增强。统筹体育强省建设主动服务经济建设主战场，既能提升体育强省建设的战略地位，也符合当前经济社会发展现实之需。通过对当前各个省市的竞技体育发展状况进行剖析可知，北京、上海、江苏、浙江和广东排在综合实力的前五位，属于准强型；我国沿海经济较为发达的地区为较强型，由福建、山东、天津、辽宁 4 省市构成；次强型地区是发掘体育产业发展潜力的重要区域，包括重庆、河北、湖北、山西、四川、河南、江西、黑龙江和湖南等省市；弱强型区域是我国基础综合性设施建设水平较低、经济水平发展较弱的地区，包括新疆、云南、内蒙古、西藏等地区。

总的来说，全国各个省区市的体育综合建设水平呈现出一种空间的多核心特征。北京、上海、江苏、浙江和广东等体育强省（市）综合建设实力名列前茅，分别对应为京津冀、长三角和珠三角三个区域。体育强省（市）在我国东部、中部和西北三个地区之间存在着空间的异质特征，东部沿海省市最强，长江经济带、京九铁路沿线省市次之，中西部其他地区最弱，形成了

---

① 2008 年北京奥运会完整奖牌榜：http：//match. 2008. sina. com. cn/bj2008/all_medal. php；2012 年伦敦奥运会完整奖牌榜：http：//match. 2012. sina. com. cn/medals/index/；2016 年里约奥运会完整奖牌榜：http：//match. 2016. sina. com. cn/medals？cre = bd. ala. ayjpb。

② 朱传耿、车冰清、邹德新等：《中国体育强省建设的空间格局及动力机制》，载《体育学研究》2020 年第 34 卷第 1 期，第 1 - 11 页。

"一横二纵"的发展格局。

（3）科技成果转化及应用未被重视。为了提升现代竞技体育的实力，目前许多国家都已将科技融入体育中，这是不争的事实。举例来说，我国的乒乓球运动水平与实力一直排在全球首位，与持续开展技术创新有着密不可分的关系。数据显示，截至目前，全球共有 14 项关于乒乓球的发明，我国占 8 项，占比超过 50%；与此同时，在打法方面，全球共有 23 种创新，其中有 14 项是我国创新的。[①] 但须注意的是，从竞技体育整体层面来看，由于概念、人才、资金、设备等因素的局限性，我国对科技成果在竞技体育领域转化和应用尚未产生足够的重视，在体育科学的研究应用、科学技术服务、跟踪体育科学技术的发展前沿、研发与引进科技成果等方面，还没有形成一套完善的体制。

（4）"三级训练网"培养体系缺乏措施。"思想一盘棋，组织一条龙，训练始终如一。"作为我国举国体制重要环节的三级优势培训网络，为我国成功开展多项竞技体育运动培育了非常大的优势，对推进我国从事竞技运动三级优势培训项目的教育发展建设做出了重大贡献。但随着经济社会的快速发展，这一套人才培养体系的基本培训环节遭到了很大冲击，使得竞技体育后备人才"造血"功能受到严重影响。

3. 竞技体育潜优势项目和待发展项目集群结构问题

要想实现我国竞技体育项目综合实力的不断提升，必须加大竞技体育的发展力度，首先要做好全面深入的竞技体育制度改革。对此，国务院于 2014 年 10 月 20 日发布了《关于加快发展体育产业促进体育消费的若干意见》，明确指出："在加快体育产业快速发展的进程中，应充分认识到转变政府职能的重要意义，进一步简化政府权力下放，减少微观事务管理。要充分发挥市场功能，加强市场机制的优化与完善，增强多元主体参与到体育产业中的积极性，发挥出它们的价值、作用，提供产品和服务，满足公众需求的服务。"[②]

（1）资源禀赋问题。我国各区域在自身发展过程中，经济基础与竞技体育的发展必然相关联，要想提高竞技实力，物质基础是一个必要条件。在区域性竞技体育的发展过程中，资源禀赋主要包括两点，一是人力，二是物质。人

---

① 田林、吴光远：《体育与艺术融合的自然禀赋和历史选择》，载《沈阳体育学院学报》2011 年第 30 卷第 4 期，第 42 – 44、56 页。

② 《国务院关于加快发展体育产业促进体育消费的若干意见》，2014 年 10 月 20 日。

力资源包括运动员、裁判员、赛事组织人员、赞助商等；物质资源则包括区域的场地资源、体育器材设备和当地交通条件等。

（2）竞技体育文化问题。竞技体育文化，代表的是国民对竞技体育发展的价值观、对竞技体育的支持程度及理解情况。竞技体育持续对国民的精神产生影响与熏陶，形成了竞技体育文化。不同国家和地区因自然、地理等环境的不同，会有不同的理解和思想。竞技体育文化一旦形成并固定，所有人就会自觉地去维护和参与，对竞技体育的发展具有良好的促进作用。因此，体育竞争的深层精神要素就是由竞技体育文化构成的，是核心竞争力的支柱。

（3）区域发展水平不平衡。我国各区域的发展较不平衡，一个地区的发展程度可以用地区生产总值来衡量。在区域发展过程中，发展推动力、工业结构变化、消费者的消费方式等都会发生很大的改变。罗斯托的经济成长阶段理论、世界银行的经济发展阶段理论、钱纳里工业化阶段理论等都阐述了这些变化。然而，区域经济在发展的过程中受很多方面的影响，在此背景下，不同区域的竞技体育科技创新能力、体育管理体系与制度、竞技体育文化等方面必然会存在较大的差异。如"温州模式""丁俊晖模式""李娜模式"等体制创新的出现，包括我国东部沿海城市的竞技体育竞争力明显强于西部城市，这些都反映了我国经济发展阶段新变化的重要特征。区域经济发展不平衡，制约了很多地区竞技体育的发展，因此，不同地区竞技体育体制的创新也有很大差异。

（4）技术创新问题。在创新理论中，创新是指企业在运营与发展的进程中，运用新技术、新工艺及知识，采用全新的管理与生产模式，进而推动企业更好地发展。在此期间，企业的市场价值、份额都会得到明显增长。竞技体育的技术创新也是这样，因此要不断推动竞技体育发展，促进各地交流，进而科学合理地对新的装备、技术、知识进行运用。

（5）竞技体育体制陈旧。竞技体制主要是指一个国家和地方，为发展竞技体育事业，提高运动员的技术水平，提高全国和地方体育的综合竞争力（例如，我国需要持续提高在奥运会、亚运会、全运会以及重大世界体育赛事中的竞争力），而贯彻实施的适合自身竞技体育发展需要的措施与政策等，以及所构建的各个行为主体间的激励管理约束体系、产权分配关系及权利关系。总的来说，自我国提出与落实举国体制后，实现了我国运动员整体经济水平的大幅度提升，推动着国家竞技体育的快速发展，相应的国际话语权、国际地位也得到明显提高，像"李娜模式""丁俊晖模式"的成功，是管理制度创新的典型。我国目前实行竞技后备人才三级培养网体系，运动员的选材、培养由国家制订全面发展计划，但这种培养模式过度依赖国家，统一的训练模式明显不能完全满足当今我国竞技体育发展的需要，也并不能完全满足当今世界发展趋势对竞技体育的需要。

（6）竞技体育需求不足。竞技体育的需求者主要是普通消费者、企业、地方或城市，甚至国家。出于对竞技体育运动的喜欢，在经过锻炼后，个人获得了心理上的满足，并且大脑分泌出多巴胺，起到兴奋作用，从而增加了个人的效用；通过支持体育运动的发展，企业能够实现利润增长、知名度提高；地方政府甚至国家也会拿竞技体育做文章，来实现本地营销，以促进当地政府及国家形象的改善和发展。随着社会经济的发展，社会上对体育消费、运动营销等方面的需要也会越来越强烈，体育需求越大，竞技体育越来越普及，那么竞技体育的生命力就越强，获得发展资源就越容易，这对创新环境的建设和核心竞争力的提高都会有非常大的帮助。

三、我国竞技体育的人才梯队构建问题

1. 国家培养模式

从 20 世纪中后期开始，在强有力的政策指导下，我国建立了一种独立运作、自成体系、教体分离的培养模式，这种制度运作的模式是三级递进。[①] 在当时资源紧缺的情况下，这种培养模式能够有效分配与整合资源，从而培育了一大批世界冠军，可以说有着不可替代的作用。举国体制之所以在竞技体育上取得这样巨大的成就，最大原因就是其处在计划经济环境中，但现阶段我国实行的是市场经济体制，传统的模式也就暴露出各种弊端，乃至出现一些难以解决的困难。

竞技体育人才从小就参与运动训练，接受文化教育严重不足，特别是学校文化教育，导致竞技体育人才的综合素质较差。无论是竞技体育培养还是文化科目教育，都应先从育人开始，然后才是专业技能、专业文化的学习，从而取

[①] 阳艺武、刘同员、黄彩虹：《我国竞技体育后备人才培养模式的演变及思考——兼论"体教结合"与"教体结合"模式》，载《天津体育学院学报》2009 年第 24 卷第 3 期，第 221－223 页。

得优异的成绩。① 在很长的一段时间内，为了使运动员的训练时间得到保证，体育管理者对运动员的文化教育一般采取教育自办的模式，早上训练，中午学习，下午训练，但这种教育自办的模式与国民教育的大环境相违背，运动员缺少了文化教育。在自办教育环境下，运动员的运动训练水平提高较快，但是文化知识学习不足，综合素质也欠缺，最后造成其社会适应能力较差。

国家资金投资比重过大，增加了国家经济的负担。在举国体制的制度背景下，竞技体育人才在培养过程中的费用，全部由国家财政承担，目前国家承担所有运动员从义务教育阶段到各个国家队整个过程几乎所有的费用，因而存在一些资源浪费以及高资金投入无果的现象。尽管我国竞技体育发展迅速，规模扩大，但是我国对竞技体育人才的培养成本也越来越高，这种粗放培养模式极大地增加了我国的财政负担。

在培养后备人才期间，由于竞争残酷，大量竞技体育后备力量既没成才也没读好书，退役运动员则要面临生存和发展的困难，这是竞技体育中文化教育的缺失以及制度保障的不够完善所造成的。在这样一条粗大宽放型的发展道路上，我国的竞技体育确实得到快速发展，但这种发展模式也造成我国竞技体育效益和运动员成才率低下等问题。而培养人才渠道的单一性，造成后备人才后续力量严重不足。我国培养的世界冠军绝大部分来自专业体育队，普通中小学的学生想要在体育道路上取得成功非常困难，一旦失败，文化知识学习又被耽误了，这对未来的发展非常不利。因此，家长对孩子进行教育培养时，排在最后的选择才可能是走体育的道路，不只是因为走体育这条路辛苦，更重要的是因为成才率很低。当然，即便举国体制的培养模式所存在的问题、弊端在近年来逐渐暴露，但不可否认的是该模式能培养为国家荣誉而战的优秀体育人才。

2. 学校培养模式

参考其他体育强国的经验，他们培养高水平运动员都是从高校开始的。如今，我国也学习借鉴，越来越多的高校开始尝试创立高水平运动队，以培养更多高水平的运动员，参加全运会以及各种世界大赛。经过不断的发展，可清晰地看出其所取得的效果是相当显著的，但是高校培养竞技体育人才还有很多不

---

① 张军骑、张兆龙：《我国竞技体育人才培养现状与发展对策》，载《体育研究与教育》2014年第29卷第S2期，第40－42页。

足的地方，需要继续完善。高校培养模式主要存在以下三个问题。

（1）生源缺乏。我国高校培养运动员是为国家培养人才，为我国培养具有国际竞争力的高水平竞技体育人才。但是，经过一段时间的实践后发现，成本大、周期长成了最主要的制约因素，只在学校中挖掘人才进行培养，很难在较短时间内取得优秀的成绩，因此有的高校就干脆走"捷径"——直接招收各地方运动队的专业运动员，来代表学校进行比赛，以此扩大学校的影响力。当前，高校获得高水平竞技队伍的途径主要有四种，包括在役运动员、退役运动员、无法实现持续上升发展的二线运动员，以及水平相对较高的高中生①，其中前三种途径跟省市专业队有联系。绝大部分生源来源于前三类，第四类的数量相对较少。尽管全国大部分高校在试办高水平运动队时，都处于发展的初期阶段，并且设立了专门的体育学校来培养优秀人才，但目前还是传统专业队占据主导地位，很多优秀的运动员苗子都进入了专业队，真正留给高校的只有一些发展潜力一般、基础较差的后备运动员，这就导致高校的运动队建设受到限制。因此，在这种激烈的竞争下，很多国家级运动健将、一级运动员向实力强、知名度高的学校涌进；而对于一些实力弱、知名度偏低的高校来说，其招收的大部分运动员水平都相对偏低。这与我国各高校建设高水平队伍的初衷背道而驰，极大地影响了我国竞技体育的发展。

（2）教练员队伍素质不够。教练员在日常训练中制订计划、指导练习，在比赛场过程中排兵布阵，对于高校竞技体育发展来说，有着极大的影响力。目前，高校教练员主要承担的是体育教师的职责，他们均毕业于专业的体育学院，很多都是科研能力强、理论知识扎实的教师，但较为缺乏参与竞技比赛或者指导竞技比赛的经验。同时，在竞技体育竞争日益激烈的环境下，教练员仅仅依靠过往经验执教已经严重脱离时代，只有掌握更加专业和科学的训练理论与训练手段，才能更好地提高高校体育的竞技水平。现阶段我国的教练员培训制度还处于一个探索阶段，外出培训机会较少。

（3）"学训矛盾"突出。高校招收高水平运动员拥有两种身份：一个身份是大学生，首先要完成大学所有的课程教育，适应校园生活；另一个身份是运

---

① 谢云：《制约高校高水平田径运动队发展因素分析——以安徽省普通高校为例》，载《北京体育大学学报》2010 年第 33 卷第 8 期，第 83－86 页。

动员，在学习之余还要进行专业训练，为学校出战比赛，帮助学校赢得更多荣誉。但是，在很长的一段时间内，各大高校在争夺运动员时，首先考虑的是运动员能否取得优异成绩为学校争光，而不是他们能否获得全面发展。基于这个原因，各地高校过分强调成绩，迫使教练员不断提高运动员的训练负荷，延长训练时间，而忽略了学生文化素养的提高，导致"学训矛盾"渐渐突出。

3. 职业俱乐部培养模式

从各个体育强国发展情况来看，青少年的训练是各运动俱乐部甚至是国家队的基石。拥有较高水平的青少年训练队伍，有利于俱乐部竞技水平的长期保持，还能提供青少年训练的竞技氛围，可以为俱乐部带来较大的经济发展。[①]在这几十年的发展历程中，国外的职业体育俱乐部，尤其是足球和篮球俱乐部，不同年龄层的青少年训练队伍已经能够实现很好的运作，并且先后构建了健全的运动员培养、选拔以及输送机制，建立职业俱乐部人才培养体系。通过职业联赛的锻炼，新秀得到了成长，老队员的竞技水平不断提升，这样充分展现了职业联赛的作用。于是，我国各个运动项目都在学习国外的俱乐部模式，制订不同年龄段的训练模式。然而，从结果来看，虽然国内俱乐部的人才培养模式已经建立并运作，但结果并不理想，只在一个俱乐部中成长，训练方法以及训练模式固定，对运动员是非常不利的，以至于整个培养体系没有达到预期效果，易产生以下两个问题。

（1）很多俱乐部青少年训练梯队的建设名存实亡，造成这种情况的主要原因是俱乐部的产权不清。我国有很多项目走上了职业俱乐部模式，但从竞技体育职业化道路改革的现状来看，真正能按照职业俱乐部管理和运营机制要求进行的只有少数俱乐部。[②]具体来说，仅有少部分主流项目的职业俱乐部模式取得了相对较好的成果，如羽毛球、乒乓球、足球、篮球及排球等，而其他项目则在职业化的边缘徘徊。在职业化改革深入的背景下，为保障国家运动人才竞技水平的提高以及职业联赛的发展，无论是体育协会还是运动项目管理中心，都对俱乐部的青训队做出了一系列规定与要求，以此来促进职业化的发

① 张辉、赵飞达：《足球职业联赛、青年队与国家队成绩关系的实证分析》，载《体育科学》2018年第38卷第7期，第56－63页。

② 苗治文、曹常程：《我国竞技体育非优势项目管理方式的新变化》，载《北京体育大学学报》2018年第41卷第7期，第17－23、76页。

展。但须注意的是，我国各个项目俱乐部的发展时间相对较短、还不够成熟，导致现在面临着部分亟待解决的问题，如投资者更换频繁、主体地位不明晰、产权不明确等，造成很多投资者与俱乐部之间关系疏远。在职业联赛中，很多职业俱乐部与对应省市的体育局合作，通过体育局培养青年队伍，将其注册到俱乐部的青训队，由俱乐部与体育局共同管理。例如篮球项目，江苏省体育局和江苏南钢俱乐部就采取此种合作方式。对于各省市的体育局而言，运动员取得的成绩与他们息息相关，这样可以为他们带来政绩。对俱乐部来说却截然不同，竞技比赛的成绩固然重要，但他们更看重商业利益。这样巨大的分歧，会将俱乐部与体育局的合作关系渐渐拉开，让双方变得疏远，进而影响我国竞技体育的人才培养。

（2）俱乐部的短视行为严重，进而影响了整个梯队的建设情况。现阶段，职业俱乐部最大、最重要的目标是追求自身商业利益的最大化，为我国竞技体育的发展做贡献等各种公益目标并不是俱乐部关注的重点。更多的投资者投资俱乐部是为了向政府部门获取更多的优惠政策及资源，并且通过俱乐部这一重要平台，为企业发展以及自身利益最大化提供更大的发展空间。基于这种动机，很多俱乐部急功近利，采用各种各样的"非职业"行为来保证未来俱乐部的成绩，以此提高社会影响力来给政府一定的压力，获得企业发展的优惠政策。在这种情况下，俱乐部就会只注重短期效应，将更多的精力与经济投入一线队伍中。因为各年龄段的青训队伍得到的经济支持较少，且青训建设周期较长，不能立竿见影，所以影响了我国青少年运动员的培养。从职业化发展的结果来看，我国对职业俱乐部人才培养的相关认识还处于初始时期，缺乏资源与经验，但是朝着这个目标去发展无疑是非常正确的。

第六节　我国竞技体育核心竞争力的发展路径

一、我国竞技体育发展的社会化路径

计划经济时期的举国体制下，政府代表着全国、全社会集体组织的利益，必然就需要承担体育资本的统一划分、调用和管理等方面的重任，包揽竞技体育的全方位工作，包括保证人力、财力和物力在竞技体育发展上的合理分配，这对保障国家竞技体育稳定、持续发展有不可替代的作用。① 而举国体制下的"三级训练网"培养体系是实现我国竞技体育运动员的人才挖掘、培养与输送的重要途径，因此也必须相应地承担我国各类竞技体育人才梯队建设与成长等体育资本输出，从而促进我国竞技体育队伍在奥运会等世界大赛中争金夺银，实现体育强国梦。自我国改革开放以来，市场经济体制不断促进我国经济繁荣昌盛，市场经济体制在我国经济发展中逐渐占据主导地位。虽然举国体制下我国竞技体育发展取得了显著成绩，但随着我国向社会主义市场经济转型，该体制已不能满足我国对竞技体育的发展以及人民群众的需求，且举国体制下政府单一的体育资本输出路径，"一把抓"的管理模式也使得竞技体育的成长失去了自力更生与发展的能力，同时各训练梯队依赖政府财政统一投资拨款也限制了社会、集体、企业或个人与政府协同办竞技体育的发展模式，忽视了市场和社会在我国竞技体育建设中的造血功能，也就减缓了我国竞技体育向社会化推进的进程，从而使我国竞技体育形成了"大政府小社会"的局面。从我国体育改革方针来看，竞技体育社会化在我国体育改革进程中已是不可逆转的趋势。因此，竞技体育社会化也是我国目前体育改革的重要方向和目标。

将体育的社会功能发挥出来是竞技体育社会化的根本目标，进而使得体育活动在社会活动中成为一个重要的分支。相应地，竞技体育则可充分借助自身长处与社会发展相融，促成社会、市场办竞技体育和形成竞技体育向社会反馈的局面。② 因此，从我国开展体育改革以来，相关部门已陆续制定并出台有利于竞技体育社会化的政策和法律，也提出了竞技体育以俱乐部形式社会化和推进学校竞技体育社会化等措施。但除此之外，在当今社会主义市场经济体制下，竞技体育社会化需要考虑到目前市场经济发展的要求、规律，在体育改革总目标的指导下实施，以完善体育管理社会化和大众体育培养社会化为目的，最终实现资金投入渠道多元化、获益主体多元化。

通过对我国竞技体育的发展历程与现状进行剖析，可知其社会化改革已经经历多个阶段，具有代表性的有：实施"城乡一体化发展"、体育管理体制与

---

① 张林：《社会转型期我国竞技体育投资体系的研究》，载《上海体育学院学报》2002年第26卷第2期，第4-7页。

② 肖林鹏：《中国竞技体育可持续发展战略目标初探》，载《西安体育学院学报》2002年第19卷第3期，第4-6页。

机制改革、竞技体育职业化改革、发展与健全社会体育组织等。① 经过多年以来不同阶段的改革与发展，我国竞技体育社会化改革也取得了一系列重大成果。例如，体育体制改革得以逐渐落实，并实现了推进体育公共服务的发展目标；体育价值获得了社会群众的广泛认可，体育需求也逐渐趋向多层次化；体育领域和体育组织被不断拓宽，多元治理结构也在此背景下得以形成；市场化与职业化运作得以实现，为社会化发展提供了重要前提。② 尽管如此，我国竞技体育社会化程度依然不高，并且现阶段体育体制尚未健全，各项限制还有待开放，体育法律法规还不够完善和规范，体育文化影响力有待进一步提升，整体的普及程度还要不断加强，群众体育宣传力度还不够大，这些问题都要及时解决。与此同时，限制和影响我国竞技体育向社会化发展的主要问题就是体育组织的结构不够多元化，整体数量也不充足，这会对体育事业发展带来制约。③ 因此，在新时代背景下建设体育强国还要不断推进我国竞技体育社会化。

1. 继续推进"管办分离"，深化"放管服"改革

在举国体制下，政府作为推动我国体育事业持续发展的一把手和主导者，需要为体育运动的持续发展支付高昂的成本，包括人力、财力和物力等。因此，在我国体育事业演进的历程中，政府为满足我国体育制度的持续改革和竞技体育队伍的建设与发展需要，消耗了大量的财力、物力，在此背景下，政府与国家面临着巨大的财政压力。与此同时，政府高度集中统一领导的管理模式不仅约束了社会办体育的积极性，也限制了竞技体育发展所需资金来源多元化和发展规模扩大化，同时还引发了一系列问题与困境，如运动员再就业困难，业务训练规模与质量明显下滑，发展结构创新与优化难度大等。随着我国社会市场经济发展进程加快，举国体制下存在的不足也日益暴露，其中，具有代表性的有：政府供给无法满足人民的实际需求，利益与供给主体结构单一，政府职能错位管理存在管制性、无限性问题，行政部门垄断竞技体育资源和管控体

---

①② 花勇民、布特、侯宁等：《体育社会化改革的回顾和反思》，载《北京体育大学学报》2015年第38卷第12期，第1-9页。

③ 鲍明晓：《以新时代改革开放，统领体育强国建设》，载《体育科学》2019年第39卷第3期，第13-18页。

育事务易产生寻租行为，过分强调政治功能使体育本质功能发挥不足。① 此外，在我国社会主义市场经济体制下，政府部门直接举办并管理竞技体育的形式，同样且必然会大大地影响市场经济所要求的竞技体育社会化和产业化发展，也影响从事竞技体育活动的社会团体和俱乐部等的自我发展，抑制其创新意识和积极性。

在我国竞技体育社会化改革中，没有根治的"官办"性质使体育社团作用效果微弱，不同主体工作差距甚大，投入与产出的粗放式管理效果较低，这必然会对竞技体育集约化管理水平的提升带来一定的不利影响。② 政府作为引导和建立市场规范的主体，须解决市场失灵阻碍竞技体育社会化有序、高效运转的问题，以及打造竞技体育社会化和谐、充满活力的市场环境和氛围。③ 此外，政府相关部门积极建立并制定的相关市场规则，也使竞技体育社会化在政府和市场的协同推动下持续发展，但是受政府职能转变较为缓慢等方面的影响，其社会化进程不够深入。

因此，政府应该充分认识到转变自身职能势在必行，淡化竞技体育的行政色彩，促使其向社会化和市场化方向转变；应将相关权力下放到竞技体育项目部门、社会团体组织及社会事业单位等，进而推动多元主体共同发展，以充分发挥各部门、组织和团体的创新性和创造力，使大众群体参与竞技体育积极性的提高，继续有效地减轻政府在一元化管理、投入和操办上的负担。另外，现阶段社会对竞技体育项目投资的积极性不高，因此政府有必要从多个方面来营造和谐、规范的融资氛围，并加强对相关法律法规、政策体系的优化与完善，以促进团体组织、企业及社会主动积极地参与其中；为了促使我国竞技体育项目更好地朝着市场化、社会化的方向发展，还发挥俱乐部、协会的作用④，从而使政府与体育行政部门在我国竞技体育社会化发展中真正做到管办分离，只管不办，以实现"小政府大社会"的竞技体育社会化发展局面。

---

① 杨晓晨、叶加宝、李宗浩等：《服务型政府构建与竞技体育管理》，载《西安体育学院学报》2008 年第 25 卷第 1 期，第 12 - 15、28 页。

② 高雪峰：《后奥运时期中国体育体制变革走向》，载《武汉体育学院学报》2006 年第 40 卷第 11 期，第 1 - 7 页。

③ 珂言：《构建新型举国体制的几个关系》，载《体育文化导刊》2002 年第 3 期，第 6 - 7 页。

④ 万星、张玲燕：《新时代我国竞技体育发展的困境审视与思考》，载《体育文化导刊》2019 年第 2 期，第 69 - 74 页。

2. 健全体育社会组织建设，发挥社会公共服务功能

一直以来，我国体育事业都在朝着更宽广的方向迈进，在持续不断的发展和前进中，体育社会组织的作用也更加凸显，成为体育运动发展、推广全民健身的关键力量。在此发展背景下，体育社会组织的建设与发展受重视的程度还远远不够。自实施举国体制以来，我国体育发展的方向和核心都更趋向竞技体育，其后备队伍人才的培养与进奥运会冲金牌挂钩，以及竞技体育资源的配置和完善，忽视了社会体育组织在公共体育事业发展中的作用，以致当前我国竞技体育事业与群众体育事业发展不均衡。竞技体育社会化的提出就是为了逐步释放政府一元化管理模式的压力，促进社会大众、组织团体等参与体育事业建设与发展。其目的是推动体育进一步面向和深入社会，扩大全社会从事体育运动的人群，以此更大程度提升社会群众对体育本身的关注，提高对体育的重视度，更加积极地参与到体育事业中，使群众可以在体育锻炼、兴办体育中获得成就感。其中所囊括的实质便是社会办体育和体育社会性，换言之就是竞技体育社会化目标，其目的就是提高社会办体育的积极性、体育对社会的适应性。[①] 而该目标的达成必须依靠各体育项目协会和各体育社团的协同并进，向行业化和社会团体化的道路发展，以此来解决体育事业发展中的各种难题。

体育社会组织包括以下几种：企业单位和体育基金会、与体育有关的社会团体及非营利性组织。每一类组织都突出了不同群体组织参与体育事业建设与发展的目的。在全民健身活动的推动下，我国体育社会组织也如雨后春笋般应运而生，逐渐成为促进我国竞技体育社会化的中坚力量。但在数十年的发展中，政府对体育社会组织建设的谋划还不够，缺乏相关政策的支持，政府与体育社会组织的交流、合作也未产生明显的效果[②]，甚至部分相关部门对体育社团发展采取"不鼓励"的态度。此外，社团领导者的团体意识不足，竞技体育社团也缺乏相关法律法规的约束，政府部门过多干预竞技体育社会化发展，体育社会组织数量少且结构单一等诸多问题仍须进一步解决。

因此，要想我国竞技体育社会化得到更好、更快的发展，还须转变竞技体

---

① 陈彩香：《试论我国体育的社会化、市场化及职业化发展》，载《西安体育学院学报》2001 年第 18 卷第 2 期，第 19 – 20 页。

② 花勇民、布特、侯宁等：《体育社会化改革的回顾和反思》，载《北京体育大学学报》2015 年第 38 卷第 12 期，第 1 – 9 页。

育发展观念，促进我国体育社会组织构建向多元化发展，提高我国体育社会组织的水平和实力，尽快达到体育强国的标准。在具体操作过程中，应将全民健身、群众体育等作为核心，以达到全周期、全人群、全方位的大协作、大开放，在此背景下达到各个部门整合推进、多元共治的目标。① 经过多年努力，可清晰地看出我国体育组织水平近年来一直处于不断提升的态势，取得了相对显著的成果，而在未来发展的进程中还应将提升各类体育组织的质量、数量作为重点，加强行政部门与体育社会组织的交流与合作，向体育社会组织提供政策扶持，在法律法规允许的范围内，根据体育社团的性质特点，降低注册登记门槛与要求。同时，也要鼓励群众根据自身的兴趣爱好，建立体育社团组织，这对促进我国体育社会组织形式的丰富性有着重要的意义。基于政府层面来剖析，应积极发挥深化体育体制改革的作用，将社会与市场办体育的职责与任务进行界定，同时为不同类型的市场组织、社会组织营造良好的发展环境，并形成以政府为强大后盾，健全体育社会组织并繁荣发展的局面。

3. 增强大众对竞技体育的归属感，转变群众的体育消费观念

在我国竞技体育发展过程中，现有的竞技体育体制注重的是为行政服务，这必然会影响竞技体育其他社会功能的发挥，如娱乐、育人、健身健美都被不同程度地削弱，使竞技体育文化在社会大众中的传播与普及受限，进而抑制了我国体育事业内在需求的发展。② 当然，举国体制下我国竞技体育事业与群众体育事业发展不均衡仍是造成该现象的重要原因。经过不断改革完善我国体育体制，我国竞技体育队伍在世界竞技舞台上的实力日益增强，并使得竞技体育在我国被赋予强大的英雄主义和爱国主义，也在一定程度上提升了民族自信，激发了国人斗志。尽管如此，和谐且充满活力的竞技体育文化在社会群众间并没有形成良好的传播，从而使群众对竞技体育产生距离感和陌生感，认为竞技体育在他们的圈子中是看得到但摸不着的客体。同时，长期以来，政府集中管理承办国家体育事业，没有处理好社会群众集体或个人的健康利益，也使得体育难以触发群众参与体育运动的积极性，以至于使竞技体育社会化的进一步发展受到阻碍。因此，推动我国竞技体育社会化，仍须进一步营造良好的社会竞

①② 鲍明晓：《以新时代改革开放，统领体育强国建设》，载《体育科学》2019 年第 39 卷第 3 期，第 13－18 页。

技体育氛围，以增强大众对竞技体育归属感和促进人民群众体育消费，激发我国体育事业内在发展的动力。

时至今日，我国综合实力明显增强，经济水平发展迅速，社会群体经济和文化水平等不断提高，人们对竞技体育的认知水平与要求愈发提高，运动消费意愿、健美健身意识都得到了明显增强。因此，倘若继续以传统的竞技体制和行政垄断的竞技体育模式，脱离社会与市场且特立独行地来推动竞技体育的发展，将会使社会大众对竞技体育的自身认同、社会认可和归属感大打折扣。竞技体育归属感虽然看不见摸不着，但可表现为民众对体育事业发展的热衷与荣辱感。群众对竞技体育存在良好的归属感是竞技体育社会化发展的基础，如果竞技体育项目不能赢得民众的喝彩与汇聚民心，那么很难为竞技体育社会化提供前进动力。因此，政府应通过传播竞技体育文化凝聚民心，使群众认同竞技体育文化并产生归属感，办社会大众喜闻乐见的体育项目，满足人民对了解和参与竞技体育的内在需求。总的来说，政府在此期间应将更多的精力、物力和财力等集中于群众体育基础设施建设和大众体育普及中，提供科学引导、物质基础，以促进社会大众转变体育消费观念，提升体育市场活力，进而实现全民健康、全民健身的充分融合，推动我国体育强国梦的实现。

二、我国竞技体育发展的市场化路径

计划经济是新中国成立以来，为促进我国经济发展而提出的由政府统一规划、分配和管理经济的一种经济发展体制。相应地，举国体制的发展模式在推动国家竞技体育快速发展方面做出了卓越的贡献。其采用的是单一管理策略，可表现为政府依靠"三级训练网"模式统一培养竞技体育后备力量，主导资金投入为运动员提供专业化、科学化的训练条件。国家包办竞技体育的科技攻关和科研发展，同时需要国家统一协调运动员的文化学习与训练安排，以及运动员退役后的择业出路，等等。多年来的实践也说明，在举国体制模式下，我国竞技体育发展取得重大成就，如取得了奥运会金牌零的突破，奖牌数量的空前剧增和"女排精神"的塑造等一系列成果。但是，随着经济全球化发展趋势日益凸显，由国家统一规划的计划经济体制使国家和政府经济负担过重，导致在全球竞争激烈的情况下略显疲惫，而在原有体制下，我国的竞技体育发展也将落后于时代发展。

因此，市场经济体制下的竞技体育发展，要求其发展主体多元化；资金投入来源的渠道多元化，如资金可来源于政府的资助、社会团体力量的支持、市场经营的利益反馈等；运动项目协会、俱乐部和社团等的发展需要模式多样化；运动员专业训练与职业化并进；后备人才培养渠道多元化，既可依靠传统的"三级训练网"模式的统一培养和选拔，也可依靠社会俱乐部和社会体育组织的培养；运动员的文化学习和退役后的职业发展也由运动员自身选择，可依据自身的竞技优势投身市场以获取相关的经济收益；鼓励社会组织、企业、体育公司和专业院校等积极参与科研攻关。在不同的经济体系下，我国竞技体育发展的方向和目标不同，但是无一例外的是需要紧随时代的步伐与发展趋势，目前我国竞技体育的发展仍将以市场化为导向继续向前大步迈进。

所谓市场化，是指运用市场手段来对经济、政治、社会中的相关问题进行解决与处理，即意味着政府在资源配置和经济管理上实施的以市场为导向实现资源的合理配置和资源效率最大化的目标机制。在竞技体育市场化发展的进程中，应该尽可能地发挥市场在竞技体育运动项目的经营、管理中的作用，合理地、科学地运用市场基本原则、经济机制及发展策略，以实现体育市场的快速、持续发展。与此同时，还须借助市场经济的法规，来对体育资源配置、管理组织结构、竞赛与训练模式进行优化与完善。① 从我国竞技体育市场化的改革与发展来看，虽然我国竞技体育的个别项目已在市场化的调控下得到发展，如三大球项目和网球"单飞"模式等，但除此之外的其余竞技体育项目并没有进入市场化的行列。原因在于，我国市场经济体制不成熟，政府在竞技体育运动项目市场化的进程中仍是一把抓，职能模糊；俱乐部的发展缺乏稳定性，多着眼于短期利益，无法发挥真正的作用；竞技体育运动项目协会改革进程较慢，没有取得实质性的成果；运动员薪金与职业化脱节，会影响到运动员的积极性；体育事业发展速度与发达国家存在较大的差距，尤其是体育经纪人、体育中介行业的发展非常缓慢；体育经营权、产权等问题不清晰，影响到体育事业发展的稳定性；体育市场的运作机制、管理体系不健全；竞技体育项目市场化发展不平衡；等等。②

---

①② 刘玉：《论新中国 60 年体育发展方式的演进与转变》，载《西安体育学院学报》2012 年第 29 卷第 1 期，第 25 - 31 页。

1. 促进政府职能转变，增强市场活力

政府在举国体制与竞技体育市场化两种竞技体育发展模式下都扮演着极其重要的角色。举国体制下，政府主导着竞技体育发展的经济来源和资源配置，而我国实行竞技体育市场化的其中一个目的就是淡化政府在竞技体育和体育事业发展过程中资源配置等的主导职能，使竞技体育的发展根据市场需求的变化而变化。虽然我国体育制度改革已经明确要以市场化为导向发展竞技体育，促进我国体育事业健康持续发展，但是从目前情况来看，我国竞技体育事业的发展依然受到较多的行政干预，依然处于政府资源垄断的状态，竞技体育市场化改革效果依然不显著，体育事业发展的绝大部分需求还是以依靠政府消费为主，这在较大程度上使我国体育事业的投入产出效益不平衡且逐年递减，导致其可持续性发展的动力不强，竞技体育市场活力和动力不足。① 政府作为整个社会的权益代表，受到利益的驱使是无法避免的问题，在此背景下非常容易出现政府干涉俱乐部的利益分配、不愿简政放权等情况，使竞技体育市场化的发展受到进一步制约。②

因此，推进我国竞技体育市场化还需要继续明确并强化政府在市场化中所扮演的角色，清晰政府在资源管理和调配中的职能与权限，以提高办事效率。如继续落实政府职能的"管办分离"，将会促使政府利用更多的市场化管理手段进行管理，对政府的宏观调控、特许经营管理等也会有很大的帮助。与此同时，政府将工作核心落实到面向广大社会群体服务方面，为社会群体组织、企业和相关公司等打造充满和谐和活力的体育市场氛围，为各群体进入体育行业发展提供机会。此外，各级政府还应该提高相关管理部门的管理能力，实现微观调控能力的提升，以解决市场所不能解决的问题；提高协调和治理能力，促使政策制定、监督协调更加顺利；履行政府本身的职责，承担起体育市场培育、监管及引导的义务。对此，政府一定要客观地看待体育发展与自身利益得失之间的关系，消除利益保障的传统思想，使得体育管理工作得到更好的落实，这对实现部门行政向公共行政转型具有特殊意义，对构建体育公共服务体

---

① 刘玉：《论新中国 60 年体育发展方式的演进与转变》，载《西安体育学院学报》2012 年第 29 卷第 1 期，第 25－31 页。

② 孙有平、杨尚剑、季浏：《我国竞技体育管理体制改革的历史审视、时机与任务》，载《成都体育学院学报》2012 年第 38 卷第 12 期，第 13－18 页。

系至关重要。① 当然，需要明确的是，在未来的竞技体育市场化发展中并不是不需要政府，而是要合理运用政府的职能促进竞技体育发展。在此过程中，政府要积极建立具有我国特色的社会主义体育管理体制，进一步做好各部门的协调工作，以及市场投资环境的优化工作，充分了解人民群众的需求，积极引导人民群众共同推进竞技体育市场化，以及对我国竞技体育项目市场化较弱的项目进行政策引导与扶持等，积极体现政府"服务行政"的方针，以便在这两者的共同作用下提高市场活力，加快我国体育强国的建设。

2. 坚持以市场化为导向，加强推动竞技项目市场化均衡发展

现阶段，伴随着竞技体育领域的不断发展，可清晰地看出其市场化程度日益加深，并且与群众基础、人力资源、文化、科学技术、政治及经济领域等方面有着密切的关系。从市场化的布局层面来剖析，市场化程度较高的区域多为经济相当发达的沿海城市或内陆一线城市，这些地区的经济实力雄厚，物质资源和人力资源丰富以及整体竞技水平高，为运动项目市场化创造了优异条件。同时，由于区域环境等原因，从我国沿海至内陆地区的竞技体育项目市场化呈递减式下降，造成我国运动项目市场化的区域发展严重不均衡。而从我国较早实行竞技体育项目市场化的足球和篮球等运动项目的市场化来看，在竞技体育市场化的推动下，各俱乐部、体育联赛纷纷建立起来，较好地实现了竞技体育项目市场化的转变，如姚明、易建联和郑智等人走向了国际市场，再如网球名将李娜"单飞"获得大满贯赛事冠军和近些年排球名将朱婷也开始走出国门。这一系列成果均表明我国竞技体育项目市场化正在稳步推进。从已走向市场化的项目来看，这些都是人民群众喜闻乐见、普及化程度相对较高的竞技项目。相比之下，我国田径、游泳等项目的市场化程度一般，其余群众基础和运动水平较差项目的市场化程度则更低。这就反映了我国当前依然存在竞技体育项目市场化程度非均衡发展较突出的现象。因此，我国不仅需要继续从区域布局上优化体育项目市场化结构，还需要从竞技项目本身出发，推动其逐渐走向均衡发展，避免项目市场化程度差距加大，破坏其均衡发展的战略目标。

为促进本国竞技体育项目市场化区域布局的均衡发展，在国家层面还需要不断地规划好运动项目的发展布局，通过政府的辅助手段宏观调控与扶持竞技

---

① 刘青、雷红：《我国体育管理体制改革思考》，载《体育文化导刊》2008年第12期，第3—5页。

体育市场化程度较弱的地区，制定适合当地发展的体育项目市场化的政策和给予相关的政策优惠，以增强其市场活力，带动群众消费；也可以通过建立体育项目市场化区域联动机制，实行区域互助，带动弱势地区的体育项目市场化发展等。社会层面则继续通过政府助力积极发展体育中介组织和体育经纪人等产业，以带动体育产业的发展，从而推动我国竞技体育项目市场化。个人层面则积极转换人民群众体育消费观念，助力竞技体育市场化发展。针对我国竞技体育项目自身市场化的非均衡发展现状，继续将市场化程度较高的项目交给市场，政府坚持"管办分离"，减少干预和调节，优化市场环境，规范市场法律法规；对于市场化程度一般但具有可发展潜力的项目，政府发挥服务行政的职能为其创造市场化条件，并给予适当政策和资金扶持，增加群众宣传与普及力度，形成政府与社会联动，提高其市场活力，以吸引更多的体育投资与消费；对于市场化程度较低的项目，则主要由政府全部扶持，提高运动员的竞技水平，促进项目影响力的提升，大力推进项目普及化和大众化发展，为项目的市场化发展提供良好的群众基础，从而为项目市场化奠定基础。

综上，实现我国竞技体育市场化的均衡发展，既要在项目区域分布上逐渐实现均衡发展，也要在市场化结构上共同促进。在市场化均衡发展过程中，合理运用并发挥政府的职能，以持续助力我国竞技体育项目逐渐推向市场。总的来说，在当今社会，竞技体育与市场间的关系日益密切，要想维持高水平的运动能力，则必然需要市场的持续支撑。①

3. 优化市场环境，促进融资渠道多元化

长期以来，我国政府在竞技体育发展过程中一直扮演着主导者角色，政府集决策者、监管者等多重身份于一体，这也就使其在竞技体育市场化的发展进程中掌握垄断权，造成市场化进程难以完全遵循市场的发展规律，也使得社会资本难以介入竞技体育实体发展中；同时，政府的统一投资运作稳定而有保障，造成各训练单位的资金比较依赖于行政部门的投入。② 目前，我国也一直致力于弱化政府在竞技体育市场化发展中的垄断权，以吸引更多来自市场、民

---

① 林友良：《论竞技体育市场化进程中的异化新现象》，载《武汉理工大学学报（社会科学版）》2016 年第 29 卷第 4 期，第 637–641 页。

② 姜忠生：《休闲娱乐体育与竞技体育的市场化之路》，载《广州体育学院学报》2012 年第 32 卷第 5 期，第 68–71 页。

间组织、企业或公司等的资金，投入到我国竞技体育市场化事业的发展与建设中，但改革的效果微弱，市场化水平也较低，市场化环境不够规范，如政企不分，虽然一系列改革措施表明，在竞技体育市场化进程中努力实现政府职能的"管办分离"，但政府部门与企业之间的职能、责任和义务等仍是不清晰的，实际上更多的仍是政府在主导市场，要想真正实现市场化，还有很长的路要走。① 此外，竞技体育发展中市场化法律法规相对滞后，并存在管理机构改革、职权划分以及运作机制不清晰等问题。例如，与竞技体育赛事纠纷、运动员职业转会、知识产权、利益产权及投资等相关的领域，由于截至目前并没有出台健全与完善的法律法规，因此容易出现一系列问题。② 总的来说，假如不能彻底解决与处理以上问题，那么必然会对竞技体育市场化程度的加深产生不利影响，同时面临着资金引入多渠道化、多元化的障碍。

简而言之，我国竞技体育市场化持续且充分地发展和向前推进，必须建立在法制化的基础上；若缺乏法律、法规保障，那么市场化最终会朝着权利化、利益化的方向发展，进而产生一系列负面影响。需要注意的是，我国竞技体育在市场化推进期间，不可避免地会出现不同类型的权力交易，那么在缺乏健全的法律法规来对这些权利交易进行监管、约束的情况下，则非常容易出现垄断或操纵市场的情况，相应地出现滥用职权、权钱交易等一系列问题，也造成各种不良竞争、资源划分不均衡、利益主体单一等方面的状况加剧。因此，在从体育大国向体育强国发展的过程中，必须尽快通过补充和完善市场机制来弥补体育向高质量发展中存在的不足。③ 政企应各司其职，政府要认真落实和做好政策制定、法律法规颁布、监督管理等方面的工作，不仅要有所为，也要有所不为。在法律法规的约束、监督下，尽可能地将市场的作用、价值在竞技体育的众多领域中呈现出来，如在市场的积极引导下开展赛事举办、教练员和运动

---

① 姜雨：《我国竞技体育职业化、市场化发展的理性思考》，载《沈阳体育学院学报》2011 年第 30 卷第 2 期，第 20 - 23 页。

② 姜忠生：《休闲娱乐体育与竞技体育的市场化之路》，载《广州体育学院学报》2012 年第 32 卷第 5 期，第 68 - 71 页。

③ 鲍明晓：《以新时代改革开放，统领体育强国建设》，载《体育科学》2019 年第 39 卷第 3 期，第 13 - 18 页。

员转会、企业赞助和媒体宣传等方面的工作。① 此外，构建多元化利益主体和共享机制，让竞技体育事业的参与者都能从中获取应得的回报，以实现利益共赢共享。而更重要的是，必须建立并完善各项法律法规，依法管理、约束和监督竞技体育市场化发展，以优化市场竞争环境，增强市场活力，提升市场品质，实现竞技体育市场化资金投入畅通且多元。

三、我国竞技体育发展的职业化路径

在社会转型期，我国竞技体育朝着产业化、市场化、社会化的方向快速发展。在此背景下，竞技体育向职业化道路发展已成必然，且体育职业化已成不可逆转之势。竞技体育之所以会朝着职业化的方向发展，其根本原因在于：竞技体育的竞技水平明显提升、社会经济快速发展、现代竞技体育竞争日益激烈、体育体制改革、竞技体育市场开发以及奥运会的导向等。② 从其定义上看，竞技体育职业化是指从事竞技体育的相关人员，通过将竞技体育训练、竞赛职业化来推动竞技运动训练与竞赛向商业化、市场化发展，这些人员涵盖体育运动管理人员、运动员、教练员等。它与传统的计划经济体制下依靠国家政府拨款维持发展的竞技体育训练和竞赛不同，其更多的是依靠社会和市场，通过职业体育俱乐部和项目协会的形式以商业化的经营运作方式来保障竞技体育训练、竞赛和管理等的有序进行。③ 也就是说，体育职业化的发展必须建立在竞技体育社会化和市场化的基础上。但从我国体育职业化发展进程来看，举国体制下政府在该过程中一直扮演统筹者的角色，体育职业化发展的各种资源大部分都掌控在政府的手中，运动项目协会管理中心等在发展过程中是完全政府化和社团性质的组织机构，使得市场与俱乐部的参与或主导效果不显著或在某程度上限制了市场的推动作用。

我国竞技体育职业化发展的某些项目，即便面临着一定的阻碍，但还是取得了一定的成果，如网球运动员李娜"单飞模式"下获得大满贯赛事，台球

---

① 田丽敏、李赞、熊文：《我国竞技体育市场化改革：制度变迁的阶段划分、变迁特征及其启示》，载《武汉体育学院学报》2019 年第 53 卷第 5 期，第 23 - 27、75 页。

② 于立贤、钟秉枢：《我国竞技体育职业化研究综述》，载《中国体育科技》2000 年第 36 卷第 10 期，第 9 - 12 页。

③ 陈彩香：《试论我国体育的社会化、市场化及职业化发展》，载《西安体育学院学报》2001 年第 18 卷第 2 期，第 19 - 20 页。

运动员丁俊晖和潘晓婷等取得的成就，都是非常具有代表性的。此外，三大球中的足球项目虽然是我国竞技体育职业化开展最早和实践时间最长的项目，由于行政干涉过多导致足球职业化发展滞缓，也造成了诸多不良的竞争行为和腐败现象等。篮球项目的治理体系目前也不够完善，未能处理好政府、协会和俱乐部等之间的关系而造成的诸多问题，阻碍了我国篮球职业化发展。现阶段实行篮球协会实体化改革，目的就是明确各部门的职能和凸显协会在人才遴选、资源调动、赛事组织等方面的领导地位，发挥企业和俱乐部的协同作用，这对推动篮球职业化朝着法制化、社会化及市场化方向发展有重要意义。目前改革虽已取得微弱成效，但仍处于初级的、机制建构不完善的阶段。而我国排球得益于近 25 年的管理市场化、运行法制化、训练科学化、分工民主化及发展社会化，虽然实行职业化改革的时间较短，改革效果也不够深入，可借鉴经验相对不多，不过我国女排至今已经 10 多次夺得世界冠军，是我国具有显著竞争优势的队伍。

虽然我国竞技体育职业化改革至今有所成就，但还是处于不断发展的过程中，还存在大量仍须不断努力解决和完善的地方，如政府在竞技体育职业化中的职能定位不明晰、职业体育道德失范、利益共同体构建不完善、职业化与大众化体育发展不均衡等问题。那么，要解决这些问题仍须继续推动政府简政放权、管办分离，以推动与市场、社会等的合作，加快构建竞技体育职业化、利益主体多元化，积极出台相应的法律法规与政策体系，这对实现大众体育、职业体育、竞技体育共同发展有着重要的价值与意义。

1. 转变并明确政府职能定位，发挥市场化、社会化协同作用

举国体制依靠政府的统筹规划、发展和管理等。政府是体育职业化发展的主导者和资源配置的掌控者，与市场和社会的互动是相对缺失的，对市场与社会产生的效果是不显著的，在竞技体育市场化和社会化的发展过程中，政府的干预是过度的。职业化作为竞技体育市场化和社会化发展的必然产物，相对应地，政府的过度干预也就限制了职业化与市场化和社会化的共同发展。当然，我们不是否定举国体制下政府在推动国家竞技体育职业化发展过程中的职能作用。但是，在社会主义市场经济日益发展的过程中，政府的过度干预在一定程度上会限制竞技体育职业化和体育职业联赛等的法制化管理，以及抑制市场和社会在竞技体育职业化发展过程中的协同作用。因此，为了更好地促进我国竞

技体育的职业化发展，还须继续推动政府职能，转变其在职业化中的定位，加强与市场和社会的协同作用，避免政府出现失灵的现象。

政府是竞技体育改革发展的引导者和推动者。因此，应继续加强推进具有我国特色的竞技体育职业化发展道路建设，实现竞技体育发展由计划经济向市场经济的过渡与突破，打破举国体制下政府全包全揽和项目协会过分依赖政府的局面，加强落实与推动项目实体化改革，让运动项目协会在竞技体育职业化过程中能够逐渐实现自主决策与管理、自我鞭策和自负盈亏，以适应市场经济发展的时代要求。① 并且，要发挥政府法规法制制定的职能与职权，建立符合我国国情、竞技体育职业化发展特色与发展实际的相关法规制度，完善职业化发展的法制化建设，以提升竞技体育职业化发展的规范化水平。此外，还需要科学合理地对政府、市场、协会、社会等多元主体间的关系进行协调。基于政府层面来剖析，除了需要继续加强简政放权，还应积极发挥市场的主导作用，以市场来牵动竞技体育的发展。政府积极利用市场机制进行资源配置，在商业化、市场化和社会化的培育下逐步实现竞技体育的自我生存与发展壮大。同时，政府应发挥协同俱乐部和协会间责权的作用，并将协会的经营管理权逐步转移到俱乐部经营者，俱乐部应积极参与到项目协会的管理中，使职业体育组织具备自主发展、管理和责权共存的能力。② 总之，要明晰政府在职业化过程中的职能定位，树立完善竞技体育职业化服务体系的管理观念，继续推进"放管服"，减少行政干预和促进项目协会实体化改革、俱乐部管理法制化发展，坚持以市场为主导，整合并发挥政府与市场的双重力量，协同推进具有我国特色的竞技体育职业化发展。

2. 加强职业体育道德建设和法制约束，营造良好的职业体育氛围

竞技体育职业化的衍生是社会经济和时代发展的产物，同时也是我国竞技体育持续、稳定发展的必然结果。即便当前我国竞技体育职业化发展所取得的成果越来越显著，但相应地，违反体育道德和触犯法律法规的行为始终伴随着竞技体育职业化的发展。例如，俱乐部与运动员之间的欠薪、拖薪或剥削运动员权益等权利纠纷，暗地里与体育组织进行不正当的权钱交易等；长期以来存

①② 张文健、李业杰：《中国职业体育组织的发展逻辑》，载《沈阳体育学院学报》2019 年第 38 卷第 4 期，第 33 - 37 页。

在运动员自身或运动队集体因某些金钱利益等参与打假球和非法赌博，以及通过不正当的手段赢得比赛等现象。此外，也存在裁判员不洁身自好，抵不住金钱的诱惑而吹黑哨使得比赛无法公平公正公开地进行，以及教练员体育道德缺失，做出对运动员打骂和不公平对待等不良行为。当然，也有运动员因自身职业体育素养缺失或法制意识淡薄而做出不当行为，如某职业足球运动员擅自且以不正当手段涂改车牌号码，滥用药物以提高运动成绩或抵抗药物采集测验等行为。显然，职业体育中存在的体育道德失范或违反法律法规的行为已经不仅仅在赛场上显现，在日常生活中也频频发生。综上，在我国竞技体育职业化发展过程中出现上述体育道德失范或违反法律法规等的行为，究其原因在于教练员、运动员和裁判员等体育道德行为教育的缺失，管理体制不完善致使不正当权益交易时有发生，竞技体育职业化法制建设不完善和部分职业体育参与者法制意识薄弱等。因此，我国还需要不断加强体育职业化道德建设和法制约束，营造良好的职业体育氛围，以更好地促进我国竞技体育职业化发展。

从国家层面来看，积极宣传与落实体育道德教育，不仅要将体育道德教育落实到职业体育中，还应在学校体育、大众体育以及竞技体育等各个领域逐渐普及与延伸，使体育道德教育贯穿于我国体育事业的整体发展中。从政府部门角度来看，发挥政府司法和法制部门的公共服务职能，加强法律法规建设，完善竞技体育职业化法制管理体系，依法从严治理与管理，对违反法律法规的项目部门、俱乐部、教练员、运动员和裁判员等给予法律上的制裁或惩罚，以确保职业化体育中的违法犯罪行为能够公开透明地审判。从社会层面来看，充分发挥社会大众或体育组织对相关体育部门、项目协会和职业体育参与者的监督作用，对触犯法律法规的行为进行举报；体育俱乐部自身要加强法制建设与管理，推动与相关部门协会的依法协作与监督。从个人层面来看，职业素养的水平直接决定着运动员的未来发展，因此应主动养成良好的体育道德行为，不断提升自我文化素养，学习相关法律法规并培养法律意识；教练员应树立遵纪守法、恪尽职守和坚守体育道德的榜样作用；裁判员也需要增强职业操守和法律意识，保证比赛不偏不倚地进行，从而更好地助力我国竞技体育职业化的发展。

3. 加强职业化市场要素协同发展，促进竞技体育职业化利益共同体建构

众所周知，竞技体育市场化是在职业化的基础上衍生的，意味着市场化与

职业化中的各项生产要素有着非常密切的关系，其涉及的利益主体也是多元的，包括政府、企业、俱乐部、体育组织和职业体育参与者等。职业体育中的所有利益主体之间的关系都是极其复杂的，涉及个人利益问题、组织利益问题等，但最终都期望依赖于市场获得相关的利益回报。随着竞技体育职业化体制改革的不断深入，要保障职业化体育的稳定运行，除了需要加强对市场规则的完善与优化，还要积极有效地处理市场与政府、政府与俱乐部和体育组织、俱乐部与赞助商和媒体以及社会大众等的关系，以保障各利益主体都能获得相应的利益。在体制改革的进程中，往往存在双轨制下的体育产权关系模糊，政府与市场、社会关系不明确，职业体育制度建设和治理体系不完善，俱乐部或体育联盟与媒介组织、企业和运动员因利益分配产生纠纷，等等问题。① 因此，协调各生产要素发展，对于推动我国竞技体育职业化发展中利益共同体的构建和解决职业化体育面临的集体困境、利益主体关系的协调，以及体育组织和体育联盟的高效运行具有重要作用。

第一，我国构建职业体育利益共同体，需要明确政府的职能，适度调整政府主导利益资源分配和管理等的职责，继续推进政府职能放管服，调整政府与俱乐部或体育联盟等的产权分配，充分发挥市场的主导作用。政府应制定合理的产权制度并提供政策支持，通过职业体育体制改革优化市场和社会环境，激励各利益主体提高生产积极性和创造性，为体育职业化发展提供更多的市场投资空间，同时要发挥举国体制优势，为体育职业化发展培养更多的人才。俱乐部与企业、赞助商应发挥运营主体的作用，协调好内外部关系，实现共同发展的目标，建立一种良好的合作、竞争秩序和遵守契约精神，形成开放合作和互利共赢的局面，以实现职业体育稳定发展和促进收益回报最大化。第二，政府和俱乐部还要保障作为职业体育发展重要载体的运动员、教练员等的权益，也即在竞技体育职业化进程中，应将国家利益放在首位，但也应该充分认识到实现个人价值的重要意义。同时，还要加大职业体育对群众、粉丝组织等的回馈力度，以利于塑造良好的职业体育大众文化，焕发职业体育的魅力与扩大其影响力。职业体育的利益主体是多元化的，各生产要素是在市场化的推动下协同

---

① 张兵：《从脱域到共同体：我国职业体育组织演化的经济社会学分析》，载《体育科学》2016年第36卷第6期，第37-45页。

发展实现利益最大化的利益共同体，并不是让某一个组织或群体的利益得到满足。

四、我国竞技体育发展的集约化路径

集约化是将依靠提升投入规模而达到产出量增长的发展模式，朝着依靠提升效益、创新科技及提高质量达到产出量增长的集约型发展模式转变的过程，在此期间，机制体制、观念意识都会随之变化。① 我国竞技体育长期以来发展依靠举国体制支撑，竞技体育事业的发展由政府集优统筹规划与管控，因此在举国体制下如何实现竞技体育发展模式向集约化模式发展，涉及诸多方面，尤其是对影响最大的训练与参赛主体而言，如何保障日常训练顺利进行且保持高竞技水平和教练团队执训等的集约化发展是当前特殊时期面临的重大挑战。2020 年新冠疫情在全球范围内的暴发对体育赛事的正常进行产生了极大阻碍，诸多赛事不得不延期举办或停赛等，如 2020 年东京奥运会推迟到 2021 年开幕。因此，这种形势对世界各国的参赛运动员和教练团队等而言是一次极其严峻的考验与挑战。夏季奥运会是世界影响力最大的体育盛会和世界体育赛事的风向标，在东京奥运会延期的情况下，如何通过干预手段化解奥运会延期的困境，降低赛事延期对我国奥运备战工作的冲击，是我国体育行政部门亟须解决的问题②，尤其在运动员训练和竞技水平保持方面等需要着重下功夫。因此，对我国奥运备战工作而言，要使运动员和教练员在非常时期依然保持常规训练、调整心理状态、保持身体健康、保障训练环境安全系数高、保持高竞技水平和增强参赛能力等，亟需整合且优化各方面资源，以保证训练的质量和提高训练的效益，以使奥运会备战工作顺利进行和运动员参与比赛。

奥运备战的实质就是通过整合所有与训练和比赛密切相关的人力、物力和财力等，围绕运动员的赛前训练、正常比赛和赛后服务保障所进行的发挥各种资源最大作用和功效的集优过程，其目的是保障运动员训练正常进行，提高其竞技水平和参赛能力，以取得最佳成绩等。因此，在特殊时期如何继续做到并

---

① 裴立新、王晔、武志峰等：《"集约化"是社会主义初级阶段我国体育资源合理配置与有效利用的必然选择》，载《西安体育学院学报》2001 年第 18 卷第 1 期，第 1－4 页。

② 刘文昊、冯鑫：《东京 2020 年奥运会延期背景下我国奥运备战的实然困境与应然进路》，载《体育学研究》2020 年第 34 卷第 3 期，第 27－33 页。

保证资源集优于奥运备战也将是世界各国之间的较量。从体育强国备战奥运会的经验来看，美国是着重保障优势项目训练，通过金钱奖励保障运动员生活质量与收入，以及通过科技助力多方位提升运动员的训练水平等；英国是加强政府职能主导作用，严控资金分配与管理以提高资金利用效率，通过科技助力建立复合型训练团队，以及打造重点项目保障体系，且推出世界级优秀运动员选材计划和特殊时期运动员保障举措等；俄罗斯在人才培养方面依靠宏观政策统筹规划和实施调控等，针对重点项目实施规范化治理和提高重点项目科技支撑等；而作为东京奥运会东道主的日本则以政策为先导，实现奥运备战事务一体化管控，提高资金预算与投入，加大科研经费投入，以科技手段保障备战训练，以及加强运动员特殊时期的心理防护与适应等。① 从上述各国备战东京奥运的资源集优情况来看，共同点是增加科研经费投入和提高资金利用效率，着重保障和提高重点项目夺金概率，大力提升科学技术的驱动力，同时注重运动员特殊时期的身心健康等。

目前，我国竞技体育发展面临的挑战来源众多，世界各国整体竞争实力的增强，外国运动员对我国优势项目冲击的加强，各国对体育科研经费的大力投入，强大的后备力量建设等都给我国奥运备战工作增加了较大的外部压力。从我国内部环境来看，我国优势项目相对于世界各国的优势有所降低，在体育科研方面投入与之相比差距较大，科学技术水平和产学研一体化程度较低，高水平后备人才明显不足，等等。因此，最大限度地将各种资源的作用、价值发挥出来，对推动我国竞技体育快速、持续发展有重要意义，可以推动我国竞技体育尽快走上依靠质量、科技创新和提高效益实现竞争力提升的集约型发展模式。

1. 基于产学研一体化体制，提高科技成果转化率与有效率

现在，我国已经形成了稳定的竞技体育科研服务模式，不过依然采用较为分散的管理法则，这些都会对相关工作的研究、相关课题的反馈以及相关资源的共享产生一定的阻碍。这种情况会使我国的体育科研工作中的服务变得单

---

① 冯鑫、胡海旭：《东京奥运会延期下世界竞技体育强国的应变举措及对我国奥运备战的启示》，载《西安体育学院学报》2020 年第 37 卷第 6 期，第 641 - 647 页；杨国庆、彭国强、戴剑松：《中国竞技体育复合型训练团队的发展问题与创新路径》，载《北京体育大学学报》2020 年第 43 卷第 6 期，第 10 - 19、34 页。

一，效率降低，范围缩小，直接减弱科技对运动成绩的推动力。

造成这种情况的原因主要有下面几点：第一，在进行科研时，经费以及人员的投入数量有限，直接影响了相关科研工作的进展；第二，所选的研究课题缺乏深度，无法创新出高水准的科研项目；第三，国内的相关文献不足，一旦研究出相关成果，其扩散力较弱，无法对当时的体育事业造成较为深远的影响。这就使得我国的体育科技转化率远远低于发达国家，不仅会造成资源浪费，还会使我国的体育事业无法快速进步。"假如一个国家的基础科学知识对其他民族过度依赖，那么它在全球的竞争地位是虚弱的，它的工业发展速度将非常缓慢"①，这个道理不仅适用于基础科学领域，同样也适用于我国的体育领域。对于基础科学来说，无论是相关知识还是理论技术都依赖较高质量的科学实践。对于我国体育实践工作而言，相关成果的转化率以及有效率，是对其进行精准测量数值量化的必要条件，同时也是我国竞技体育所缺少的内容。所以，有关部门应重视将科研成果的转化率与有效率，进而增加政府对竞技体育科研工作的帮扶水准。结合我国的竞技体育发展状况，应将生产、学习、研究一体化，既能够促进训练、科研与相关教学的结合，保障与体育有关的科研工作能够独立自主地进行创新，进而增加有效率以及转化率。同时，建立科研人员—教练员—运动员的联动机制，加强沟通与交流，积极培养项目核心技战术的科学研究人员，创建科学、合理的人才培养机制和奖励机制，积极鼓励创新研究行为，以强化科技助力竞技体育发展。高等院校有着较为完备的知识基础，能够为相关训练以及理论研究提供高质量人才。高等院校的科研机构以及社会中的科研机构往往处于理论前沿，其理论教学以及相关实践活动能够为体育教学工作提供专业性的意见。在训练工作中，最为重要的是执行者，而运动代表队则是执行者的主要组成部分。运动代表队直接与成果的转化率以及有效率相连接，三者将会把财力、人力与物力结合起来，构建一体化机制，将我国的体育资源加以整合，进而巩固资源基础，从而增加相关科研场所的自主能力，制订出适合不同运动员的专项化训练方案，提升科研成果转化率以及工作效率。而在新冠疫情导致东京奥运会延期的情况下，我国应充分利用奥运备战周期延长的时间红利，进一步加快我国运动训练科学化、数据化和智能化进

---

① Vannevar Bush, *Science: The endless frontier*, Washington, National Science Foundation, 1945.

程，通过实施奥运科技攻关、数据处理与情报搜集、优势资源跨界合作等措施来推动我国科训联动一体化进程。[1]

2. 优化训练与竞赛计划，提升竞技能力和培养最佳竞技状态

在新冠疫情肆虐的形势下，世界范围内诸多赛事纷纷停办或延办，以 4 年为一周期的奥运会也在所难免，相应地也就打破了运动员的竞训参赛安排周期。竞赛数量和强度的下降意味着必须通过提高训练次数和训练强度来保障运动员的竞技水平维持在相对稳定的范围内。所以，在此情况下确保训练有序有效、科学合理和有针对性地进行，将是对我国运动健儿在奥运会上继续为国争光的保障，也可进一步推动我国的体育强国建设。因此，在特殊时期通过整合优化各种资源，来提升我国运动员的训练水平，以及合理安排训练及比赛是必然的选择。

第一，优化训练计划，补齐体能短板。在新冠疫情期间，由国家体育总局牵头，由各运动项目协会负责执行的体能大练兵举办得如火如荼，其最终的结果也是出人意料，如部分项目的奥运冠军或世界冠军体能成绩不达标，而该结果也会影响其参加奥运会。显然，补齐运动员体能短板，全面提高运动员的竞技能力是刻不容缓的。同时，针对重点项目的冠军选手，应为其制订个性化的训练方案，全面优化体能素质。第二，弥补运动员的技术短板，狠抓技术的全面性与个性化协同强化发展。尤其是对技能主导类项目的运动员而言，更应充分利用各种人力、物力资源，在奥运会延期的形势下全面提高技战术能力。教练员也应针对运动员的技术特点进行诊断、评估与反馈，使其在现有技术结构框架的基础上优化综合技术，促进自身的竞技能力均衡发展。

体育竞赛是检验成绩、提升竞技水平、增强竞争力的重要途径。我们既要重视国内外综合性运动会等大赛，也要重视各单项锦标赛及联赛。要科学合理地制定训练与竞赛计划，积极把握各类型、各层次、各级别的比赛机会，使运动员可以通过比赛来检验自己的竞技水准，进而促使优秀的运动员脱颖而出，为其今后的发展创造出更大的空间，使其成为我国核心竞争力的重要组成部分。奥运会、全运会等国内外大赛有着众多体育项目，任何一个国家或者地区

---

[1]　刘文昊、冯鑫：《东京 2020 年奥运会延期背景下我国奥运备战的实然困境与应然进路》，载《体育学研究》2020 年第 34 卷第 3 期，第 27－33 页。

不可能在每一个项目中都有着领先世界的竞技水平。也正因为如此，在发展竞技体育的过程中，针对不同项目应当对症下药，将现有资源进行合理规划；地区之间应该因地制宜，发展适合自己地理环境、经济因素的优势项目，对有发展潜能的项目进行大力开发，如广东的水上项目、羽毛球项目、短跑项目，湖南的举重项目，浙江的游泳项目，东北的中长跑项目，云南的竞走项目，上海的乒乓球项目，等等。尤其是在特殊时期，在全国范围内以备战奥运和为奥运争光为指向标，做好全面规划，积极推进，以点带面；在省市范围内，做到定位精准，有序深入，协调发展。由此可以使全国各省市的竞技体育资源最大化地集中于自身优势项目和重点项目，保证资源利用率的最优化、竞训安排的科学高效化，进而使我国优势项目和重点项目运动员的竞技水平得以保持并提高，培养运动员的参赛状态。总的来说，各个运动项目协会在发展进程中，应将奥运会比赛的节点作为核心，综合、深入地考虑到不同运动员的身体素质与运动体能间的差异，科学、有效地制订训练方法与周期，进而提升运动员的竞技状态。[①]

3. 改善和优化团队结构，加快复合型训练团队构建

随着我国竞技体育的快速发展，运动队的训练参赛并不仅仅包含教练员、运动员的个体能力，复合型训练团队发挥出的作用尤为显著，因此加快复合型训练团队的构建非常必要。[②] 复合型训练团队集各领域人才精英于一体，充分发挥着人力资源的积极效应，是一种复合集优型训练团队，其优势非常明显。

经过多年的实践，我们发现，竞技体育后备队伍中人才的数量和运动员的运动能力直接影响竞技体育事业的发展走向。构建复合型训练团队，促进我国竞技体育的发展，可采取以下三项措施。第一，采取"两条腿走路"的优秀人才开发模式，整合优化引进的优秀人才和立足于本土挖掘并培养优秀的本土人才。尤其是在新冠疫情等特殊情况下，我国诸多运动项目引进的国外优秀教练员等人才因疫情无法入境参与正常执训，尽管可以通过远程视频指导训练，但效果与现场执教相比相差甚远。因此，将国内外优秀人才进行整合优化形成

---

① 田野：《从美英日奥运备战模式展望中国运动 2020 东京奥运会前景》，载《体育文化导刊》2018 年第 10 期，第 1－6 页。

② 杨国庆、彭国强、戴剑松等：《中国竞技体育复合型训练团队的发展问题与创新路径》，载《北京体育大学学报》2020 年第 43 卷第 6 期，第 10－19、34 页。

一股强大的力量是必然的选择。第二，完善团队运行机制，建立明确的分工制度与奖励机制，鼓励团队研发与创新和优化团队结构。复合型训练团队是各领域精英的集合体，在竞技体育的发展过程中，各领域人才既要各司其职，也要跨学科、跨领域合作。因此，要落实各项奖励机制与政策，保障团队的工作效益与成员个人利益，不断加强团队的一体化意识，提升团队竞争力，同时要对团队和个人实行监督、评估和考核机制，以促进团队合作高效化进行。此外，还需要根据项目特点、优势项目和重点项目等构建复合型训练团队，使训练团队更加精准化和个性化，从而有针对性地促进项目的发展。第三，统一训练团队目标，锻造具备共同训练科研理念与方针的复合型训练团队。复合型训练团队是多个个体或团体的整合，在训练或科研理念和目标上难免存在分歧，由此容易造成团队合作力量不集中。所以，目标与理念一致是训练团队发挥高效性能的核心[1]，优化团队内部结构使其和谐统一是关键。因此，要发挥团队整合资源与聚集能量的优势，以全面联合为目标，构建一体化的训练环境，只有团队协同并进才能促进运动员训练水平不断提升。在团队结构中优化整合，推进复合型训练团队的构建，充分发挥团队各人力资源的积极性，从而为我国未来竞技体育的发展提供更多可能性。

4. 优化竞技体育后备人才的培养途径，提升运动员的综合素养

现阶段，我国在竞技体育人才培养方面还有很大的提升空间。我国众多运动项目的青年运动员选拔活动既不规范，也不科学，使得众多有潜力、有能力的高水平运动员流失。我国现在的运动环境缺少与之对应的人才管理办法以及激励体制，对已经取得好成绩的运动员过度激励，对有潜力的运动员奖励较少，导致很难涌现后起之秀，造成人才缺失。我国一直使用以"三级输送体系"为主的培养途径，该体系在过去一段时间内符合我国的国情体制，在我国的体育历史长河中也切实促进了体育事业的发展，但是随着经济环境的快速更迭变化，这种人才输送办法已经无法有效发挥其原有的功能[2]，在某种程度上甚至阻碍了我国体育事业的发展进程。

---

① 杨国庆、彭国强、戴剑松等：《中国竞技体育复合型训练团队的发展问题与创新路径》，载《北京体育大学学报》2020 年第 43 卷第 6 期，第 10－19、34 页。
② 黎涌明、陈小平：《英国竞技体育复兴的体系特征及对我国奥运战略的启示》，载《体育科学》2017 年第 37 卷第 5 期，第 3－10 页。

为了将我国的竞技体育人才培养体制加以完善，需要在已有体制的基础上创建更加完善、更加合理的运动员培训机制。同时，应借鉴外国的竞技体育发展经验，学习其运动员培养方式，找到制度优越性，并与我国的实际情况相结合来发展我国的体育事业。[①] 从竞技体育后备人才培养途径上看，要实现多元化培养，作为我国竞技体育人才培养及输送的三级训练体系依旧是我国后备人才培养的重要力量。当然，也要随着时代的改变、竞技体育发展的需求和我国国情的变化而采取相应的举措。例如，将发挥各类俱乐部的作用与价值，激励俱乐部或社会组织为国家培养和输送人才，树立为国争光的共识。此外，切实落实体教融合培养机制，学校教练员或教师应积极挖掘和培养竞技体育未来的可塑之才。因此，要通过多种途径培养竞技体育后备人才，最大限度地发挥各部门、各培训机构的人力和物力资源的作用，大力推进三位一体化体系培养竞技体育后备人才。这样可以显著地减轻政府统一培养的压力，也可以使运动员更好地适应社会和市场的需求，有效地提高后备人才培养的宽度与厚度。

除了要实现培养途径的多元化，还需要在此基础上科学合理地选材。鼓励青少年学习多项运动技能，为将来的人才甄选提供更多的选择。所以，需要杜绝从青少年阶段就开始进行专项运动训练的现象，应将运动员的筛选时间推延，改变早期的传统选材理念，根据运动员和项目集群的特点进行跨项选材，这样才能够及时补充相关人才，有效杜绝人才流失，让运动员为创造更优异的运动成绩而发挥所长。此外，运动员在起步阶段就应完成无差别的基础性配套教育，合格之后将其分流，选择适合自身的专业进行深造，同时，继续巩固文化教育以及相关技能学习。在进行青年运动员的选拔时，可以适当引进西方的工作经验，将运动员自身发展放在首位，为其制订适合自身的发展计划，进而避免运动员的单一发展。[②] 在进行青年运动员培养时，不能只关注其运动能力以及竞赛成绩，还应考虑到文化教育、责任教育、相关技术教育，进而培养出全面发展的运动员，打造出素质过硬的运动员团队。

---

① 贾志强：《改革创新背景下我国竞技体育可持续性发展研究》，载《北京体育大学学报》2017年第40卷第2期，第1-9页。
② 黎涌明、陈小平：《英国竞技体育复兴的体系特征及对我国奥运战略的启示》，载《体育科学》2017年第37卷第5期，第3-10页。

第七节 研究展望

一、基于年度获得世界冠军的空间分析有待完善

本书以 2013—2018 年我国运动员获取世界冠军的数据为分析内容，从竞技体育的大项和小项两个层面对我国竞技体育区域实力进行空间分布分析，与以往研究成果相比，利用地理学科的空间定位来探索我国竞技体育的区域特征和空间特点，这是此项研究的一种大胆尝试。由于国家体育总局官网未能列出 2019 年我国运动员获得世界冠军的详细资料，加之 2020 年新冠疫情给全球重大体育赛事所带来的巨大影响，笔者无法获取 2019 年和 2020 年我国运动员获得世界冠军的详细资料，未能对这两年我国运动员获得世界冠军的数据进行空间分析，这是本研究的遗憾之一。

二、基于反映竞技体育竞争力的研究内容有待丰富

本书在对我国竞技体育核心竞争力问题展开研究的过程中，体育项目以游泳、网球、国际象棋、羽毛球、举重、象棋、体操、摔跤、武术、射击、滑雪、龙舟、现代五项、健美、跳伞、围棋、台球、自行车、柔道、航海模型、滑翔、排球、乒乓球及拳击等为主。以往，学者们主要从夏季奥运会和冬季奥运会两个维度，对所涉及的竞技体育项目进行分析。本研究出于我国竞技体育竞争力数据完整性的角度考虑，未能对夏季奥运会和冬季奥运会所涉及的所有项目进行全面深入分析，但近几年我国运动员获得世界冠军的数据总体上客观反映了我国竞技体育的整体竞争力。

第五章　结论与建议

第一节　结　　论

一、关于我国竞技体育核心竞争力构成要素体系结论

我国竞技体育核心竞争力构成要素体系包含 24 项基本要素，本书依据其特征划分为 3 个要素层次、6 个要素集合。我国竞技体育核心竞争力整体 GEM 模型评分较高，说明我国竞技体育发展处于全球领先水平，同时各要素层次间评分差距较大，说明我国竞技体育面临着一定的发展不均衡问题。我国竞技体育核心竞争力各要素集合中，管理机制与培养工作两项具有世界级别的竞争力，资源整合、科研扶持与文化氛围三项在亚洲范围内竞争力数一数二，群众基础项则属于我国竞技体育短板要素，尚不足以构成竞争优势。

二、关于我国竞技体育核心竞争力形成机制主要内容结论

我国竞技体育核心竞争力形成机制主要内容有：强调建立多渠道筹资机制，拓展社会与市场力量；构建多元治理机制，循序渐进地推动体育管理体制改革；完善体教融合培养机制，提升运动员的综合素质；转变价值导向机制，以避免竞技体育文化朝着不好的方向发展；加强产学研一体化机制的优化与创新，以推动科研成果转换率提升；实现相互取予机制，巩固群众体育基础，推动竞技体育全面发展。

三、关于2013—2018年我国运动员获得世界冠军区域分布结论

2013—2018 年获得各大项世界冠军数量较多的是广东、福建、浙江、上海、江苏、山东和辽宁 7 个沿海省市，说明沿海地区是我国在各大项夺取世界冠军的中坚力量；获得世界冠军数量较多的内陆地区包括四川、湖南、湖北、

河北、北京 5 个省市。从各大项在我国各地区的分布来看，华东、华南、华北、华中地区是近几年获得各大项世界冠军的主力，其次是东北、西南地区，相对其他地区，西北地区显然处于劣势地位。

四、关于我国竞技体育核心竞争力发展中的本源问题结论

我国竞技体育核心竞争力发展中的本源问题主要反映在竞技体育区域布局、竞技体育项目集群结构、竞技体育人才梯队构建等方面。竞技体育区域布局问题主要表现在：区域经济不均衡制约着竞技体育的发展，自然区域的差异性影响竞技体育人才的发展，社会人口结构制约着竞技体育的发展，盲目性和比较性造成我国竞技体育区域布局缺乏调控，市场机制的不完善导致竞技体育资源开发效率低下。竞技体育项目集群结构问题具体表现在：优势项目集群数量不断减少，传统优势项目集群表现稳定；部分潜优势项目虽然有所突破，但竞技力量仍然薄弱；待发展项目增多，导致我国奥运会总体成绩下降；优势布局与美国、俄罗斯"错位"明显；地域性发展不平衡问题严重；"三级训练网"培养体系缺乏有效措施。通过对我国目前竞技体育人才培养的现状进行调查与研究，发现其培养模式主要有国家培养模式、职业俱乐部培养模式和学校培养模式，国家培养模式重训练轻文化，职业俱乐部培养模式过度追求自身商业利益最大化，学校培养模式缺乏生源，师资队伍素质有限，学训矛盾突出等。

五、关于我国竞技体育核心竞争力发展路径结论

我国竞技体育核心竞争力的提升可以通过社会化路径、市场化路径、职业化路径和集约化路径来实现。社会化路径的主要措施有：继续推进"管办分离"，深化"放管服"改革；健全体育社会组织建设，发挥社会公共服务功能；增强大众对竞技体育的归属感，转变群众的体育消费观念。市场化路径的主要措施有：促进政府职能转变，增强市场活力；坚持以市场化为导向，推动竞技项目市场化均衡发展；优化市场环境，促进融资渠道多元化。职业化路径的主要措施有：转变并明确政府职能定位，发挥市场化、社会化协同作用；加强职业体育道德建设和法制约束，营造良好的职业体育氛围；加强职业化市场要素协同发展，促进竞技体育职业化利益共同体建构。集约化路径的主要措施

有：基于产学研一体化体制，提高科技成果转化率与有效率；优化训练与竞赛计划，提升竞技能力和培养最佳竞技状态；改善和优化团队结构，加快复合型训练团队构建；优化竞技体育后备人才的培养途径，提升运动员的综合素养。

第二节 建 议

一、完善举国体制，全面做好奥运会的备战参赛工作

将奥运战略作为基础，发挥各地的特色与优势，对区域间竞技体育的发展格局进行持续优化与创新，达到科学协调局部发展和整体发展之间关系的目标；发挥市场在竞技体育发展中的作用，将国家队训练参赛任务逐渐转移到市场中，不但能在一定程度上缓解相关政府部门的压力，更重要的是可提高我国竞技体育的水平；加强对各类体育资源的优化、整合，以实现全国备战奥运会的积极性尽可能提升；持续优化服务机制，从而使奥运会备战工作保持在较高的科学化、规范化、专业化水平；保障科研、竞赛、训练的经费与人才充足，否则必然会影响其未来的发展；多形式、多渠道地对社会多元主体的竞技体育事业参与积极性进行调动，最大限度地发挥它们的作用与价值。

二、抓好双优项目，切实加强训赛的统筹协调工作

突出优势项目，打造核心竞争力，加大优势项目群开发，扩大优势项目规模；培育潜优势项目，以点带面，扩大优势小项数量，提升核心竞争力；对优势项目的成果进行借鉴、学习，以带动弱势项目更好、更快地发展；将弱势项目战线缩短，科学配置人力、财力、物力等资源，并加强项目训练竞赛管理体系的优化；综合与深入地归纳人才培养模式、团队建设、组织管理、训练观念、训练方法、训练理论、技战术创新等方面的内容，全面总结各种经验；集中力量，整合资源，全面把握项目训练竞赛规律，培育创新型训练管理团队。

三、优化项目结构，全面提升竞技体育的整体水平

协调好区域间竞技体育发展的关系，根据不同区域的实际情况及特点，将优势竞技体育项目作为发展的重点；坚持创新结构、提高质量、突出重点、提升效益的多项原则，推动竞技体育整体水平全面提升；在持续推进优势项目快

速发展的同时，还应加大对潜优势项目的挖掘力度；加强对集体球类项目与基础项目、潜优势项目与优势项目、冬季奥运会项目与夏季奥运会项目、奥运会项目与非奥运会项目的统筹，进而使项目结构更加合理；持续优化训练竞赛基础设施设备、提高综合设施与体育场馆的水平，为竞技体育运动员在教育、科研、训练、医疗等方面提供良好的保障。

四、落实基地建设，不断深化竞技体育的训练创新

加强各省区市训练基地建设，完善训练基地体制机制，明确基地职责、工作机制，进而更好地满足竞技体育训练方面的实际需求；优质竞技体育人才的数量、水平是尤为重要的，因此应将扩大国家队的训练规模作为重点，并对激励机制、竞争机制进行优化与完善，发挥其真正的作用、价值；更新竞技体育训练理念，深入剖析各项目发展潮流和最新趋势，优化和创新各项目的训练手段，全面提高训练效率；深入把握各竞赛项目的内在规律，加强交流，相互借鉴，勇于创新，敢于突破，全面提升竞赛训练水平；加强沟通和引导，积极引进先进的理念和训练方法，全面提升训练水平。

五、深化竞赛改革，充分发挥竞技体育的综合功能

加大对青运会、冬运会、全运会竞赛改革的深度、力度，优化管理办法、办赛方式的同时，根据实际情况对竞赛编排、计分办法、项目设置、运动员注册及竞赛规模等相关内容进行修订；积极选拔各项体育项目的后备人才，大力优化体育竞赛协作机制、体育竞赛相关制度；不断完善与丰富国际、国内竞技体育赛事，为运动员提供更多的比赛机会，同时应加强对职业联赛体系的引导，发挥其真正的作用与价值；加大改革的深度和力度，从多个角度、层面对重要单项赛事、综合性运动会进行开发，以实现体育竞赛综合效益的持续提升；发挥政策体系的引导作用，推动国家体育竞赛朝着社会化的方向发展，尽可能激发社会力量、地方体育部门举办体育赛事的积极性。

六、坚持依法治体，不断创新竞技体育的发展机制

坚持依法治体的根本原则，优化与健全与竞技体育相关的法律法规；加快协会管理体制的改革，发挥协会在推动竞技体育发展机制创新方面的作用；政

府部门转变职能，强化监督与管理，依法行政；统筹规划、提供服务、政策引导、检查监督、组织协调，以促进依法治理、行业自律的水平全面提升；加强对运动项目协会管理方式的创新与优化，根据我国的实际情况，创立符合国家竞技体育特点的运动项目管理机制；从多个角度对多元主体的积极性、主动性进行激发，并构建科学的奖励机制、评价监督机制；在竞技体育快速发展的进程中，政府应发挥主导作用，进而达到开放共享、互利共赢的目标。

七、优化竞赛环境，深化职业体育管理体制改革

构建政府主导、协会主管、市场依托、行业监管的联赛综合管理体制；全面促进竞技体育项目朝着职业化、市场化的方向发展，协调好重大赛事与职业联赛间的关系，处理好为国争光与职业化间的关系，进而达到共同发展的目标；积极推动效能产出高、市场前景好、群众基础好的项目朝着职业化方向发展，以实现职业体育的规范化、专业化水平持续提升；将市场的主导作用、项目行业管理职能发挥出来，在多方的共同努力下，加大建设职业体育信用机制的力度；精心设计有影响力的精品赛事，全力打造影响力大的职业体育赛事和职业体育俱乐部，以推动国家职业体育更好、更快地发展。

八、拓宽输送渠道，多路径培养竞技体育人才

在国家竞技体育发展的进程中，竞技体育人才的储备情况尤为重要，因此，应该从以下几个方面入手，加强对竞技体育人才的培养。①拓宽视野，加强培训，根据实际情况制定出具有针对性的培训策略与方法，以实现竞技体育人才职业素质、道德素质、文化素质的全面提升；②优化三级训练网络，完善人才培养体系，以提高人才的业务水平及综合素质；③将国家教练员学院的示范作用与价值最大限度地发挥出来，为国家培养更多的优秀教练员，积极开展精英教练员的培养工作；④为了实现高水平竞技体育运动员的高效流动，还须在运动员注册交流管理方面做出更加健全、详细的规定；⑤补充和完善竞技体育管理人员的各项举措，全力打造具有国际视野、专业化程度高的竞赛管理人才队伍。

九、面对疫情危机，采取有效措施迎接后疫情时代的新挑战

竞技体育在线训练是新冠疫情下的虚拟训练实践，其构建集教练、运动员和训练场景于一体的数据化虚拟空间，以实现在线训练的数据化、终端一体化；加快互联网与竞技体育的融合发展，普及竞技体育智能训练设备，充分利用互联网为竞技体育赋能，推动在线竞技体育的高质量发展；优化在线竞技体育训练课程，开发多元化的线上专业服务内容；培养在线竞技体育人才，提升优势项目和潜优势项目线上的整体训练水平；积极推进线上线下深度融合，促进形成后疫情时代竞技体育发展的新格局；推动在线竞技体育服务改革，满足多样化的竞技体育服务需求。

在我国竞技体育发展进程中，竞技体育资源的实际情况直接决定着竞技体育能否稳定、持续地发展，只有合理地、科学地调控相关资源，才能将其作用、价值最大限度地发挥出来。在竞技体育核心竞争力提升的过程中，我们必须切实采取有效措施，重点加强对优势项目集群核心人物的培养和潜优势项目重点人才的扶持，多点成线、以点带面，形成马太效应，在此背景下，不但有助于整个项目综合实力的增强，而且在实现我国竞技体育核心竞争力大幅度提升方面也有着重要意义。与此同时，要想更好地将竞技体育的多元功能充分发挥出来，则应积极构建市场机制与举国体制相融合的新体制，全面开放社会市场，形成国家办与社会办相结合的竞技体育运行机制，强化竞技体育核心竞争力的战略意识，努力提高集团优势竞争力，尽早实现国人共同企盼的竞技体育强国梦。

参 考 文 献

[1] 鲍明晓.体育大国向体育强国迈进的战略研究 [J].南京体育学院学报（社会科学版），2009，23（6）：1-6.

[2] 鲍明晓.以新时代改革开放，统领体育强国建设 [J].体育科学，2019，39（3）：13-18.

[3] 鲍明晓.转变我国竞技体育发展方式的对策研究 [J].北京体育大学学报，2014，37（11）：9-23.

[4] 蔡西阳，企业位势理论及其应用研究 [D].北京：北京交通大学，2009.

[5] 常利华.俄罗斯体育管理体制及其对我国的启示 [J].体育文化导刊，2016，33（11）：30-35.

[6] 陈彩香.试论我国体育的社会化、市场化及职业化发展 [J].西安体育学院学报，2001，18（2）：19-20.

[7] 陈丹.竞技体育实力国际区域格局演变的致因研究 [J].北京体育大学学报，2012，35（7）：118-124.

[8] 陈颐，殷樱，夏崇德.社会人口结构与竞技体育关系研究 [J].武汉体育学院学报，2006，40（12）：19-26.

[9] 陈融.建国以来认识和处理群众体育与竞技体育关系的历史启示：价值追求与代价意识 [J].体育文史，1999，17（03）：11-15.

[10] 陈融.试析真义体育观、大体育观的特征与分歧 [J].西安体育学院学报，1999，16（04）：1-5.

[11] 丛冬梅.我国东部区域体育事业发展优势与发展战略分析 [J].体育与科学，2013，34（4）：74-78.

[12] 丛湖平，罗建英.体育赛事产业区域核心竞争力形成机制研究 [M].杭州：浙江大学出版社，2011.

［13］邓万金.我国竞技体育核心竞争力动态链管理体系研究［J］.北京体育大学学报，2018，41（2）：101－108.

［14］邓万金.我国竞技体育竞技实力格局嬗变研究［J］.广州体育学院学报，2013，33（1）：54－57.

［15］邓万金.我国竞技田径核心竞争力指标体系构建研究［D］.北京：北京体育大学，2008.

［16］杜靖.论企业核心竞争力［J］.社会科学家，2007，123（1）：164－167.

［17］段世杰.思考竞技体育［M］.北京：学习出版社，2013.

［18］范徵.核心竞争力：基于知识资本的核心能力［M］.上海：上海交通大学出版社，2002.

［19］高雪峰.后奥运时期我国体育体制变革走向［J］.武汉体育学院学报，2006，40（11）：1－7.

［20］葛宝山，姚梅芳.高技术产业化风险评估的 AHP 法［J］.系统工程理论与实践，1999，17（9）：116－119.

［21］辜德宏，吴贻刚.竞技体育发展方式基本理论问题探析［J］.北京体育大学学报，2014，37（10）：7－12.

［22］管益忻.论企业核心竞争力［M］.北京：中国经济出版社，2000.

［23］郭淑范，司虎克，董海军，等.我国国家队科研现状及发展讨论［J］.体育科研，2009，20（3）：26－29.

［24］国家体育总局.竞技体育“十三五”规划［Z］.2016－8－30.

［25］国家统计局.年度数据［EB/OL］.http：//www.stats.gov.cn.2018.

［26］国务院.关于加快发展体育产业促进体育消费的若干意见［Z］.2014－10－20.

［27］哈伯德.把信送给加西亚［M］.路军，译.北京：企业管理出版社，2002.

［28］何培森.我国体育科技发展问题研究综述［J］.中国体育科技，2005，41（4）：21－24.

［29］何平.试论我国退役运动员就业的困境及其对策［J］.中国体育科技，2008，44（3）：10－15.

［30］胡建波，王东平.企业核心竞争力的关键构成要素及分析［J］.华东经济管理，2006，20（7）：103－106.

［31］胡萍.我国竞技体育资源配置评价与优化对策研究［D］.哈尔滨：哈尔滨工程大学，2009.

［32］胡文强，李思民，刁嘉慧，等.比较优势理论下我国备战东京奥运会项目布局研究［J］.安徽体育科技，2019，40（6）：5－9.

［33］胡小明.分享运动：体育事业可持续发展的路径［J］.体育科学，2010，30（11）：3－8.

［34］胡宜挺，李万明.企业核心竞争力构成要素及作用机理［J］.技术经济与管理研究，2005，11（2）：20－22.

［35］花勇民，布特，侯宁，等.体育社会化改革的回顾和反思［J］.北京体育大学学报，2015，38（12）：1－9.

［36］黄爱峰.多元文化背景下的我国体育区域规划［J］.天津体育学院学报，2007，22（4）：303－306.

［37］黄继刚.核心竞争力动态管理研究［D］.北京：中国社会科学院，2002.

［38］黄津孚.企业发展潜力［M］.北京：经济管理出版社，2001.

［39］贾志强.改革创新背景下我国竞技体育可持续性发展研究［J］.北京体育大学学报，2017.40（2）：1－9.

［40］江庆来.制度：核心竞争力的基石［M］.北京：清华大学出版社，2016.

［41］姜雨.我国竞技体育职业化、市场化发展的理性思考［J］.沈阳体育学院学报，2011，30（2）：20－23.

［42］姜忠生.休闲娱乐体育与竞技体育的市场化之路［J］.广州体育学院学报，2012，32（5）：68－71.

［43］蒋新国.我国竞技体育文化迷失现象的分析［J］.体育学刊，2010，17（7）：19－22.

［44］金光珠.英国竞技体育投资与分配机制研究［J］.南京体育学院学报（社会科学版），2017，31（1）：70－74.

［45］荆德刚.企业核心克争力的经济学分析［D］.长春：吉林大学，2005.

［46］珂言.构建新型举国体制的几个关系［J］.体育文化导刊，2002，20（3）：6－7.

［47］黎涌明，陈小平.英国竞技体育复兴的体系特征及对我国奥运战略的启示［J］.体育科学，2017，37（5）：3－10.

［48］李粲.群众体育和竞技体育的协调发展对我国体育事业深远影响的研究 ［J］.南京体育学院学报（自然科学版），2011，10（1）：7-10.

［49］李长春.从体育管理走向体育治理：内涵、动力及路径分析 ［J］.体育文 化导刊，2017，34（4）：6-10.

［50］李丹阳.论世界竞技体育发展的趋势 ［J］.体育文化导刊，2012，29 （5）：59-62.

［51］李广新.国有商业银行核心竞争力研究 ［D］.成都：西南财经大 学，2013.

［52］李留东.我国退役精英运动员再就业现状分析：基于社会分层视角 ［J］. 北京体育大学学报，2015，39（1）：29-34.

［53］李品缓.论企业核心竞争力 ［D］.大连：东北财经大学，2001.

［54］李文川，朱俊河.科技视域下的体育强国 ［J］.体育科研，2009，22 （4）：24-27.

［55］梁建平，常金栋，董德龙.竞技体育事业核心竞争力的研究 ［J］.山东体 育学院学报，2006，22（1）：25-27.

［56］林友良.论竞技体育市场化进程中的异化新现象 ［J］.武汉理工大学学报 （社会科学版），2016，29（4）：637-641.

［57］刘彬，左斌，洪旺.浅谈我国竞技体育人才资源的区域差异性 ［J］.我国 人才，2011，7（14）：209-210.

［58］刘成，司虎克.我国竞技体育优势项目与核心竞争力关系研究 ［J］.北京 体育大学学报，2010，33（6）：104-109.

［59］刘成.体育竞争情报及其对我国竞技体育核心竞争力的影响研究 ［D］. 上海：上海体育学院，2010.

［60］刘寒青，刘成，司虎克.我国竞技体育部分优势项目核心竞争力的构成 要素分析 ［J］.天津体育学院学报，2011，26（5）：453-456.

［61］刘青，雷红.我国体育管理体制改革思考 ［J］.体育文化导刊，2008，26 （12）：3-5.

［62］刘文昊，冯鑫.东京2020年奥运会延期背景下我国奥运备战的实然困境 与应然进路 ［J］.体育学研究，2020，34（3）：27-33.

［63］刘文昊，冯鑫，胡海旭.东京奥运会延期下世界竞技体育强国的应变举

措及对我国奥运备战的启示 [J]. 西安体育学院学报, 2020, 37 (6): 641 - 647.

[64] 刘颖. 我国竞技体育优势项目核心竞争力的培育及研究 [J]. 沈阳体育学院学报, 2006, 25 (3): 1 - 3.

[65] 刘渝, 陈筝, 邹琳. 英国竞技体育人才体教结合实现机制及启示 [J]. 体育文化导刊, 2017, 34 (1): 31 - 35.

[66] 刘玉. 论新中国 60 年体育发展方式的演进与转变 [J]. 西安体育学院学报, 2012, 29 (1): 25 - 31.

[67] 卢元镇. 我国竞技体育现行管理体制的制度性代价 [J]. 体育学刊, 2010, 17 (3): 7 - 12.

[68] 鲁飞. 试论竞技体育的核心竞争力 [J]. 中国体育科技, 2007, 43 (3): 63 - 66.

[69] 鲁毅. 德国体育管理体制及其对我国体育发展的启示 [J]. 广州体育学院学报, 2016, 36 (4): 1 - 4.

[70] 罗超毅. 论体育强国背景下全民健身与竞技体育的和谐发展 [J]. 北京体育大学学报, 2013, 36 (2): 1 - 4.

[71] 罗敬科. 湖南省竞技体育优势项目提升策略研究 [D]. 长沙: 湖南师范大学, 2014.

[72] 马德浩. 人口结构转变视域下的上海体育发展战略研究 [J]. 体育科学, 2019, 39 (4): 51 - 62.

[73] 马德浩. 我国区域竞技体育协调发展研究 [J]. 体育成人教育学刊, 2016, 32 (2): 54 - 57.

[74] 马金书. 西部地区产业竞争力研究 [M]. 昆明: 云南人民出版社, 2004.

[75] [美] 埃里克森. 企业竞争优势与核心竞争力理论 [M]. 大连: 东北财经大学出版社, 1998.

[76] 苗治文, 曹常程. 我国竞技体育非优势项目管理方式的新变化 [J]. 北京体育大学学报, 2018, 41 (7): 17 - 23 + 76.

[77] 苗治文, 刘月. 我国计划体育向市场体育转型的发展研究 [J]. 南京体育学院学报 (社会科学版), 2017, 31 (1): 7 - 12.

[78] 苗治文, 田方园. 世界竞技体育格局的新变化与我国竞技体育战略选择

研究 [J].南京体育学院学报（社会科学版），2013，19（3）：
101 –107.

[79] 苗治文，张帆.我国竞技体育价值取向的转变 [J].北京体育大学学报，
2014，37（7）：125 –130.

[80] 2008 年北京奥运会完整奖牌榜 [EB/OL].http：//match. 2008. sina.
com. cn/bj2008/all_medal. php.

[81] 2016 年里约奥运会完整奖牌榜 [EB/OL].http：//match. 2016. sina.
com. cn/medals？cre = bd. ala. ayjpb.

[82] 2012 年伦敦奥运会完整奖牌榜 [EB/OL].http：//match. 2012. sina.
com. cn/medals/index/.

[83] 裴立新，黄炜，佟强.从"普及提高"到"相对独立"再到"相互取
予"：竞技体育与群众体育关系的研究 [J].体育与科学，2008，29
（1）：67 –70.

[84] 裴立新，王晔，武志峰，等."集约化"是社会主义初级阶段我国体育
资源合理配置与有效利用的必然选择 [J].西安体育学院学报，2001，
18（1）：1 –4.

[85] 浦义俊，吴贻刚.法国竞技体育发展方式时代转型脉络、驱动及保障机
制研究 [J].西安体育学院学报，2017，34（4）：393 –403.

[86] 浦义俊，吴贻刚.美国竞技体育发展方式的历史演进及动因研究：兼谈
对我国竞技体育发展方式转型的启示 [J].南京体育学院学报（社会科
学版），2016，30（6）：98 –106.

[87] 祁明德，许晓音.区域竞技体育核心竞争力培育研究 [J].广州体育学院
学报，2012，32（2）：9 –19.

[88] 《企业管理现代化、科学化问题研究》课题组.企业管理现代化、科学化
问题研究 [M].北京：经济管理出版社，1999.

[89] 芮明杰.我国企业发展的战略选择 [M].上海：复旦大学出版社，2000.

[90] 史友宽，杨改生.历届奥运会金牌分布与我国竞技体育发展的战略抉择
[J].北京体育大学学报，2009，32（12）：115 –118.

[91] 孙科，杜成革.我国竞技体育的发展模式及其变革走向 [J].体育学刊，
2012，19（1）：20 –24.

[92] 孙有平，杨尚剑，季浏.我国竞技体育管理体制改革的历史审视、时机与任务 [J].成都体育学院学报，2012，38（12）：13－18.

[93] 谈群林，黄炜.建国以来我国竞技体育与群众体育关系研究述评 [J].首都体育学院学报，2009，21（5）：532－533.

[94] 唐卫东，陈海龙.位势差异与竞争优势 [J].科学学与科学技术管理，2006，27（5）：105－108.

[95] 唐贤秋.诚信：人文奥运之道德诉求 [J].伦理学研究，2007，24（06）：11－13.

[96] 田丽敏，李赞，熊文.我国竞技体育市场化改革：制度变迁的阶段划分、变迁特征及其启示 [J].武汉体育学院学报，2019，53（5）：23－27+75.

[97] 田林，吴光远.体育与艺术融合的自然禀赋和历史选择 [J].沈阳体育学院学报，2011，30（4）：42－44+56.

[98] 田野.从美英日奥运备战模式展望我国运动员 2020 东京奥运会前景 [J].体育文化导刊，2018，36（10）：1－6.

[99] 田雨普.体育强国的辩证认识论 [J].体育学刊，2009，16（8）：9－13.

[100] 万星，张玲燕.新时代我国竞技体育发展的困境审视与思考 [J].体育文化导刊，2019，38（2）：69－74.

[101] 王秉安.企业核心竞争力理论应用的探讨 [J].福建行政学院、福建经济管理干部学院学报，2000，6（2）：32－36.

[102] 王万果.辽宁省竞技体育综合竞争力提升路径的研究 [D].大连：辽宁师范大学，2010.

[103] 王学峰.真义体育思想对我国体育发展的贡献 [J].体育学刊，2004，11（4）：7－11.

[104] 王毅，陈劲，许庆瑞.企业核心能力理论溯源与逻辑结构剖析 [J].管理科学学报，2000，3（3）：24－32.

[105] 王智慧.迈向体育强国进程中两个重要问题的战略定位与思考 [J].北京体育大学学报，2011，34（2）：13－16.

[106] 魏平.体育科技服务中非服务性因素审视 [J].山东体育学院学报.2003，18（3）：29－30.

[107] 魏玉琴，焦芳钱，谭红春.我国竞技体育发展的战略性研究［J］.西安体育学院学报，2016，33（3）：306－310.

[108] 吴劲松，邓万金，张雪芹.我国竞技体育核心竞争力的定义、构成及特征［J］.体育学刊，2012，19（3）：50－54.

[109] 肖林鹏.我国竞技体育可持续发展战略目标初探［J］.西安体育学院学报，2002，19（3）：4－6.

[110] 谢明辉.广东省竞技体育核心竞争力提升的对策［J］.体育学刊，2013，20（4）：39－41.

[111] 谢荣.英国竞技体育的崛起探源及其启示［J］.南京体育学院学报（社会科学版），2017，31（1）：75－78.

[112] 谢云.制约高校高水平田径运动队发展因素分析：以安徽省普通高校为例［J］.北京体育大学学报，2010，33（8）：83－86.

[113] 熊晓正，曹守詠，林登辕.从"普及与提高相结合"到"各类体育协调发展"［J］.体育文史，1997，15（05）：16－20.

[114] 徐本力.体育强国、竞技体育强国、大众体育强国内涵的诠释与评析［J］.天津体育学院学报，2009，24（2）：94－98.

[115] 徐建中，陆军，荆玲玲.企业核心竞争力构成要素作用关系的系统分析［J］.现代管理科学，2009，22（3）：70－72.

[116] 阳艺武，刘同员，黄彩虹.我国竞技体育后备人才培养模式的演变及思考：兼论"体教结合"与"教体结合"模式［J］.天津体育学院学报，2009，24（3）：221－223.

[117] 杨改生，周珂，史友宽，等.现代竞技体育项目优势转移现象研究［J］.体育科学，2009，29（9）：24－35.

[118] 杨国庆，彭国强，戴剑松，等.我国竞技体育复合型训练团队的发展问题与创新路径［J］.北京体育大学学报，2020，43（6）：10－19＋34.

[119] 杨利勇.基于道德建设视角的我国竞技体育竞争力提升研究［J］.吉林体育学院学报，2017，33（4）：1－5.

[120] 杨晓晨，叶加宝，李宗浩，等.服务型政府构建与竞技体育管理［J］.西安体育学院学报，2008，25（1）：12－15＋28.

[121] 易剑东.我国体育体制改革的逻辑基点与价值取向［J］.体育学刊，

2011，18（01）：14-25.

[122] 易剑东. 我国体育文化建设三题 ［J］. 上海体育学院学报，2012，36（2）：6-12.

[123] 于立贤，钟秉枢. 我国竞技体育职业化研究综述 ［J］. 中国体育科技，2000，36（10）：9-12.

[124] 余银，高平. 我国奥运优势项目发展现状与布局重构 ［J］. 武汉体育学院学报，2010，44（10）：83-88.

[125] 袁振华. 国家开发银行核心竞争力研究 ［D］. 长沙：中南大学，2011.

[126] 连建军.“嵌入竞争”：全球价值链位势理论及其实证研究 ［D］. 苏州：苏州大学，2013.

[127] 张兵. 从脱域到共同体：我国职业体育组织演化的经济社会学分析 ［J］. 体育科学，2016，36（6）：37-45.

[128] 张春合.“管办分离”背景下的我国体育管理多中心治理问题研究 ［J］. 体育与科学，2015，36（5）：69-73.

[129] 张辉，赵飞达. 足球职业联赛、青年队与国家队成绩关系的实证分析 ［J］. 体育科学，2018，38（7）：56-63.

[130] 张嘉伟. 美国高水平竞技体育发展与存在问题研究 ［J］. 体育文化导刊，2012（10）：62-65.

[131] 张金昌. 国际竞争力评价的理论与方法 ［M］. 北京：经济科学出版社，2002.

[132] 张军骑，张兆龙. 我国竞技体育人才培养现状与发展对策 ［J］. 体育研究与教育，2014，29（S2）：40-42.

[133] 张军，许声宏，王润斌. 关于建构中华民族当代竞技体育精神文化的思考 ［J］. 北京体育大学学报，2005，28（9）：1174-1178.

[134] 张立波，陈少峰. 文化企业核心竞争力的构成要素分析 ［J］. 新疆师范大学学报（哲学社会科学版），2013，34（1）：14-19.

[135] 张林. 社会转型期我国竞技体育投资体系的研究 ［J］. 上海体育学院学报，2002，26（2）：4-7.

[136] 张卫良. 大学核心竞争力理论与实践研究 ［D］. 长沙：中南大学，2005.

[137] 张炜. 核心竞争力辨析 ［J］. 经济管理，2002，23（6）：10-17.

［138］张文健，李业杰.我国职业体育组织的发展逻辑［J］.沈阳体育学院学报，2019，38（4）：33－37.

［139］赵国浩.企业核心竞争力理论与实务［M］.北京：机械工业出版社，2005.

［140］赵松，白春燕，魏彪.现代奥林匹克运动教育思想的历史流变与当代发展［J］.成都体育学院学报，2016，42（2）：27－31.

［141］郑杭生.社会学概论新修［M］.北京：中国人民大学出版社，2003.

［142］郑隆霞.论英国竞技体育快速崛起的动力之源［J］.南京体育学院学报（社会科学版），2016，30（6）：27－33.

［143］钟秉枢.成绩资本和地位获得：我国优秀运动员群体社会流动的研究［J］.体育科学，1998，18（3）：45－49.

［144］钟秉枢.新时代竞技体育发展与中国强［J］.上海体育学院学报，2018，42（1）：12－19.

［145］钟明宝，张春燕，史丹，等.基于竞争优势理论的我国竞技体育发展战略问题探析［J］.北京体育大学学报，2006，39（9）：1－11.

［146］周波.论体育产业核心竞争力［D］.长沙：湖南师范大学，2013.

［147］周卉萍.如何提升企业核心竞争力［J］.政策与管理，2000，3（3）：4－15.

［148］朱传耿，车冰清，邹德新，等.我国体育强省建设的空间格局及动力机制［J］.体育学研究，2020，34（1）：1－11.

［149］邹海林.论企业核心能力及其形成［J］.我国软科学，1999，13（3）：56－59.

［150］邹师.区域体育发展战略：实现体育强国目标的必然途径［J］.体育文化导刊，2012，30（4）：1－4.

［151］左建军.浅谈企业核心竞争力［J］.长江论坛，2000，14（5）：38－39.

［152］BOHLKE N, ROBINSON L. Benchmarking of elite sport systems［J］. Management Decision, 2009, 42（1）：67－84.

［153］BARNEY J B. Firm resources and sustained competitive advantage［J］. Journal of Management, 1991, 17（1）：99－120.

［154］BUSH V. Science：The endless frontier［R］. Washington：National Science

Foundation, 1945.

[155] TEECE D J, PISANO G, SHUEN A. Dynamic capabilities and strategic management [J]. Strategic Management Journal, 1997, 18 (7): 509 –533.

[156] PADMORE T, GIBSON H. Modeling system of innovation: A framework for industrial cluster analysis in regions [J]. Research Policy, 1998, 26 (6): 625 –641.

[157] PRAHALAD C K, HARMEL G. The core competence of the corporation [J]. Harvard Business Review, 1990, 68 (3): 79 –91.

[158] PRAHALAD C K. The role of core competencies in the corporation [J]. Research Technology Management, 2016, 36 (6): 40 –47.

[159] PORTER M E. Competitive advantage [M]. New York: Free Press, 1985.

[160] PORTER M E. Competitive strategy [M]. New York: Free Press, 1980.

附录一
《我国竞技体育核心竞争力形成
机制与发展路径研究》调查问卷

尊敬的专家：

您好！

我国竞技体育核心竞争力形成机制与发展路径研究，是探索竞技体育竞争力形成的现实需要，是促进竞技体育整体水平提升的路径选择，更是实现我国从体育大国向体育强国转变的必然选择。从整体上把握竞技体育中相对重要的因素和关系，可为我国竞技体育核心竞争力系统内部构成要素的高效、协同发展提供科学指导，对帮助实现我国竞技体育的长足发展具有重要的现实意义。

本问卷仅做课题研究之用，研究中不会出现您的任何私密信息。若您有任何问题，欢迎联系！

您的意见和建议将作为重要的参考依据，非常感谢您在百忙之中填答！

国家社会科学基金项目研究课题小组

电子邮箱：gtdengwanjin@126.com

2019 年 10 月

您的姓名＿＿＿＿＿＿　职称或职务＿＿＿＿＿　年龄＿＿＿＿＿　工作单位＿＿＿＿＿＿

一、填表说明

1. 请您在相应的"□"内打"√"；

2. 请您在相应的栏目上打"√"；

3. 若您有补充的意见和建议，请在补充栏内或"＿＿＿＿＿"填上。

二、调查问题

1. 我国竞技体育核心竞争力形成机制与发展路径研究，您认为是否有意义？

　□ 非常有意义　□ 有意义　□ 一般　□ 没有意义

2. 我国竞技体育核心竞争力构成要素中的一级指标要素包括基础层、支撑层和环境层，您认为是否科学？

　□ 非常科学　□ 比较科学　□ 一般　□ 不科学　□ 非常不科学

3. 我国竞技体育核心竞争力构成要素中的二级指标要素包括资源整合、管理机制、培养工作、科研扶持、文化氛围、群众基础，您认为是否合理？

　□ 非常合理　□ 比较合理　□ 一般　□ 不合理　□ 非常不合理

4. 我国竞技体育核心竞争力构成要素中的三级指标要素（见附表 1），您认为是否全面？

　□ 非常全面　□ 比较全面　□ 一般　□ 不全面　□ 非常不全面

附表1　我国竞技体育核心竞争力构成要素

一级指标要素	二级指标要素	三级指标要素	非常重要	比较重要	一般	不重要	非常不重要
要素指标内容　A₁ 基础层	B₁ 资源整合	C₁ 竞技体育财政支持体系					
		C₂ 运动器材设施基础					
		C₃ 人力资源基础					
		C₄ 社会资源投入力度					
	B₂ 管理机制	C₅ 体育行政管理体制					
		C₆ "一条龙"运动训练机制					
		C₇ 相关保障与推动政策					
		C₈ 后勤及医务保障服务体系					
		C₉ 运动员文化教育体系					
		C₁₀ 体育战略指导工作					
A₂ 支撑层	B₃ 培养工作	C₁₁ 高水平运动员队伍建设工作					
		C₁₂ 高素养教练员队伍建设工作					
		C₁₃ 高权威裁判员队伍建设工作					
		C₁₄ 高质量后备人才队伍建设工作					
	B₄ 科研扶持	C₁₅ 科技服务资源配置					
		C₁₆ 科研成果转化率					
		C₁₇ 技战术创新能力					
		C₁₈ 信息采集传递体系					
A₃ 环境层	B₅ 文化氛围	C₁₉ 竞技赛事精神文化					
		C₂₀ 竞技体育组织文化					
		C₂₁ 竞技体育制度文化					
	B₆ 群众基础	C₂₂ 体育协会支持力度					
		C₂₃ 体育赛事推广工作					
		C₂₄ 广大群众体育基础					

您对本课题研究的意见和建议：＿＿＿＿＿＿＿＿＿＿＿＿＿＿＿＿

＿＿＿＿＿＿＿＿＿＿＿＿＿＿＿＿＿＿＿＿＿＿＿＿＿＿＿＿＿。

附录二
《我国竞技体育核心竞争力形成
机制与发展路径研究》访谈提纲

为了全面、客观地了解和把握我国竞技体育的现实情况，更好地探析我国竞技体育核心竞争力形成的内在原因，旨在科学地设计出未来竞技体育的发展方向和具体路径，从竞技体育核心竞争力构成要素、竞技体育现实问题及本源性问题、竞技体育发展布局、竞技体育核心竞争力发展路径等方面，设计相关访谈提纲。

一、关于竞技体育核心竞争力构成要素的访谈提纲

1. 竞技体育核心竞争力构成要素应该涉及哪几个层面？

2. 竞技体育核心竞争力构成要素最重要的内容有哪些？

3. 竞技体育核心竞争力构成要素一级指标之间的内在联系如何？

4. 竞技体育核心竞争力构成要素二级指标之间的内在联系如何？

5. 影响竞技体育核心竞争力发展的内外因素主要有哪些？

二、关于竞技体育现实问题及本源性问题的访谈提纲

1. 竞技体育现实问题主要有哪些？

2. 竞技体育本源性问题主要有哪些？

3. 解决竞技体育现实问题，有哪些主要政策与手段？

4. 解决竞技体育本源性问题，有哪些策略与办法？

5. 我国未来竞技体育发展方向应如何定位？

6. 后疫情时代我国竞技体育发展策略应如何调整？

三、关于竞技体育发展布局的访谈提纲

1. 如何设计竞技体育发展的区域布局？

2. 如何设计竞技体育发展的项目布局？

3. 如何设计竞技体育发展的点状布局？

4. 如何设计竞技体育发展的线状布局？

5. 如何设计竞技体育发展的面状布局？

6. 如何设计竞技体育发展的体状布局？

四、关于竞技体育核心竞争力发展路径的访谈提纲

1. 竞技体育核心竞争力发展路径有哪几条？

2. 如何通过社会化路径提升我国竞技体育核心竞争力？

3. 如何通过市场化路径提升我国竞技体育核心竞争力？

4. 如何通过职业化路径提升我国竞技体育核心竞争力？

5. 如何通过集约化路径提升我国竞技体育核心竞争力？

6. 后疫情时代竞技体育核心竞争力发展路径如何设计？